日本・税務会計形成史

法人税・企業会計・商法の関連性

矢内一好 著
Yanai Kazuyoshi

中央経済社

はしがき

　本研究を行ったのには，3つの動機がある。

　第1は，2018年に出版した拙著『日本・国際税務発展史』（中央経済社）において，第2次世界大戦終了後の日本の混乱期における税制を検討したが，この混乱期に，税制では，申告納税制度の導入，シャウプ勧告等，現行税制と関連する事項があり，企業会計では1949年の「企業会計原則」の制定，1952年の「税法と企業会計原則との調整に関する意見書」の公表等大きな出来事があった。連合軍総司令部（GHQ）の支配を受けていた戦後混乱期，朝鮮戦争以後の経済復興期，その後の高度成長時代，会計ビッグバン，企業会計の国際化等を通じて，法人税における課税所得と税額計算を対象とする税務会計において，この分野を扱った著書のほとんどが制度論であるのに対して，各時代の税務会計の動向に影響力のあったメインプレイヤーは誰なのかという視点から，メインプレイヤーに変遷があり，時々の彼らの主張が現在の税務会計論の基礎となっているというのが本書の主張である。

　第2は，2018年の税制改正により，法人税法第22条の2が創設された。法人税の課税所得の計算は，1899年の法人税の創設以降，1965年の法人税全文改正までの間，基本的な計算構造に変化はない。1967年の法人税法第22条第4項（公正処理基準）の創設，1996年以降の会計ビッグバン等の経緯を経て，税務会計は新たなステージに入ったのか，また，メインプレイヤーは誰なのか，という視点から，法人税法第22条の2の創設を分析する必要を感じたのである。

　第3は，2012年に上梓した拙著『現代米国税務会計史』（中央大学出版部）において「実現主義」あるいは「実現概念」について調べているが，拙著では，1920年の米国最高裁判決であるマコンバー事件の「実現概念」を会計学における「実現主義」と関連付ける説がかつてあったが，この両者は異なる背景から生成したことを論証した。次に問題となるのは，日本の企業会計において収益の認識基準となっている「実現主義」がどこから由来したものなのかということである。大学の会計学あるいは財務会計論というカリキュラムでは必ず講義

される「実現主義」のルーツが，テキストには記述されていない。「企業会計原則」には，「実現主義」が明記されている。このあたりを手掛かりとして，法人税と企業会計の関連性の検討を行った。

　本書は，法人税，企業会計，そして商法の関連性を副題としたが，法人税は1899年，商法は1890年にそれぞれ創設され，企業会計の歴史も古いが，戦前の混乱した状態を整理した形の「企業会計原則」は1949年制定といわばこの三者の中では，「新参者」であり，それだけ新しい理論に基づく「改革派」である。一般に，法人税法・企業会計・商法の三者の関係をトライアングル体制というが，この三者が常に正三角形のそれぞれの頂点にいて均衡を保っているという関係ではなく，時代により，三者の力関係は微妙に変化しているのである。
　そして，上記のトライアングルに国際化という新たなファクターが，法人税，企業会計，商法のいずれにも加わったことから，従前の国内における秩序に変化が生じているのである。
　また，国税関係者（現財務省・旧大蔵省・国税庁関係者），会計専門家，税法研究者という人的側面以外に，政府税制調査会あるいは自民党税制調査会等の政策立案組織が育成されたことで，税法決定のプロセスに変化が生じたのである。
　本書は，以上のような視点に立ちながら，日本の法人税創設から，現在までの課税所得計算の原則の変遷と，その変遷に影響を与えた事象について検討を行ったのであるが，本書の性格上，メインプレイヤーとしての人名について，不足があるというご指摘があることは承知の上で論を進めた。

　本書は，2018年に出版した拙著『日本・国際税務発展史』の姉妹編であり，日本の税法，税務会計を考える場合，この時代の特性というものを抜きには語れない部分がある。筆者は，租税条約の歴史1冊，米国税務会計史2冊，英国税務会計史1冊，上述の日本の国際税務発展史1冊をこれまでに上梓してきたが，いずれもこれらの歴史についてのラフスケッチのつもりである。今後はこれらの分野に興味を持つ者が，「眼高手低」に陥ることなく，より良い研究成果をまとめることを期待しているのである。

最後に，本書の刊行に際して，出版を引き受けていただいた中央経済社，同社編集部の田邉一正氏に感謝を表する次第である。

　2019年7月

矢内　一好

目　次

はしがき

第1章　分析視角　　1

1　時代区分に基づく分析方法 …………………………………… 1
　(1)　第1期（所得税創設から第2次世界大戦終戦まで）・1
　(2)　第2期（終戦からシャウプ勧告後）・3
　(3)　第3期（法人税の全文改正前後）・4
　(4)　第4期（平成における改正動向）・5
2　歴代内閣と税務関連事象一覧 ………………………………… 6
3　人的側面からの分析 …………………………………………… 8
4　国税関係者 ……………………………………………………… 9
5　資料分析のルール ……………………………………………… 12

第2章　戦後混乱期の税制〜財産税・富裕税〜　　15

1　問題の所在 …………………………………………………… 15
2　財産税等が再度注目される理由 …………………………… 16
3　相続税を取り巻く状況 ……………………………………… 17
　(1)　日本の富裕層・17
　(2)　世界の富裕層・18
　(3)　2017年分の相続税の申告状況・18

        (4) 無利子非課税国債に関する検討・18
        (5) 相続税の課税強化と調書制度の整備・18
        (6) 諸外国の相続税の動向・19
        (7) 米国における遺産税の動向・20
        (8) 高度外国人材の課税・20
        (9) まとめと課題・21
 4   財産に課される税の概要……………………………………22
        (1) 実質的財産税と名目的財産税・22
        (2) 一般財産税と個別財産税・23
        (3) 再評価税・23
 5   財産税導入の背景……………………………………………24
        (1) 臨時財産税創設に関する日本税務協会の建議書・24
        (2) 金融緊急措置令の施行・26
 6   財産税の概要とその影響……………………………………26
        (1) 財産税の法案と制定法・26
        (2) 財産税の執行上の特徴・27
        (3) 財産税法の構成・28
        (4) 再度の財産税適用の可否・31
 7   富裕税概説……………………………………………………31
 8   欧州富裕税の特徴……………………………………………33
 9   税制調査会における検討……………………………………34
10   シャウプ税制からの教訓……………………………………35
11   租税政策としての富裕税……………………………………35
12   1988年OECDによる個人の富裕税等に係る報告書……………36
        (1) 富裕税施行国一覧・36
        (2) 富裕税を採用した理由・36
        (3) 富裕税を廃止した理由・37
        (4) 富裕税を採用しなかった理由・37
        (5) 納税義務者の居住形態・37
        (6) 課税単位・38
        (7) 実効税率の上限(シーリング)・38

⑻　債　務・38
　⑼　免税，救済措置・39
　⑽　評　価・39
　⑾　小　括・39
13　欧州における富裕税の概観……………………………………… 40
　⑴　2018年現在の富裕税の導入状況・40
　⑵　欧州における富裕税の動向・41
14　日本における富裕税導入に対する課題……………………… 45
（資料）各国の富裕税の導入状況・49

第3章　企業会計論前史　———— 51

1　本章の対象となる時期………………………………………… 51
2　第1期において検討対象となる事項………………………… 51
3　創設所得税法と創設法人税の関連…………………………… 52
4　法人税の導入が遅れた理由…………………………………… 52
5　創設法人税はどの国の法人税の影響を受けたのか………… 53
6　商法の影響……………………………………………………… 55
　⑴　旧商法と新商法における「計算書」・55
　⑵　正規の簿記の諸原則概念・55
　⑶　英国会社法の動向・56
7　総益金，総損金の由来………………………………………… 59
8　総益金，総損金に基づく所得計算…………………………… 60
　⑴　片岡氏の説明・60
　⑵　1950年度における説明・61
　⑶　「純資産の増減となる一切の事実」の意義・62
9　創設法人税以降の分析視角…………………………………… 63

第4章 米英における税法と企業会計の関連 ― 67

1 米国における税法と企業会計の関連 ·· 67
　(1) 確定決算主義と申告調整主義・67
　(2) 米国の法人税申告書に関する2つのコメント・67
　(3) 米国法人税の特殊性・69
　(4) 米国が分離型となった理由・70
2 英国における税法と企業会計の関連 ·· 72
　(1) 英国税制小史・72
　(2) 英国の納税制度・73
　(3) 真正かつ公正な概観・74
　(4) イングランド・ウェールズ勅許会計士協会の税務・財務委員会における検討・75
　(5) 英国が分離型である理由・76
3 小　括 ·· 76

第5章 賦課課税制度時代の法人税法と企業会計の関連 ― 79

1 第1期の特徴 ·· 79
2 所得税法の規定 ·· 79
3 商法の影響 ·· 80
4 賦課課税制度 ·· 82

第6章 シャウプ勧告における法人税法と企業会計の関連 ― 87

1 第2次世界大戦後の税制改正 ·· 87

2　賦課課税制度……………………………………………………………… 87
3　1945年の「法人各税の取扱い」…………………………………… 88
4　申告納税制度の導入………………………………………………… 88
5　賦課課税制度から申告納税制度への移行……………………… 90
6　シャウプ勧告に対する評価………………………………………… 90
　(1)　第2期の焦点・90
　(2)　シャウプ勧告前後の環境・90
　(3)　シャウプ勧告と法人税制・93

第7章　「税法と企業会計原則との調整に関する意見書」 ― 99

1　「税法と企業会計原則との調整に関する意見書」の背景……… 99
2　企業会計原則の制定………………………………………………… 100
3　「商法と企業会計原則との調整に関する意見書」……………… 101
　(1)　財産目録と計算書類・101
　(2)　評価問題・102
　(3)　費用等の処理・102
　(4)　小　括・102
4　第1次調整意見書……………………………………………………… 103
　(1)　経済安定本部の役割・103
　(2)　第1次調整意見書の背景・104
　(3)　第1次調整意見書の意義・104
　(4)　第1次調整意見書前文のポイント・105
　(5)　第1次調整意見書の項目・106
　(6)　第1次調整意見書への批判と擁護・107
　(7)　企業会計と税法の一致は必要か・108
5　第1次調整意見書を巡る忠・黒澤論争…………………………… 109
　(1)　対象となった論文・109

(2) 論点の整理・111
　(3) 米国の会計士会計学への理解・111
　(4) 論点1（企業会計原則が至上原則なのか）・113
　(5) 論点2（一般に認められた会計原則の意義）・114
　(6) 論点3（発生主義会計）・114
　(7) 論点4（資本剰余金と利益剰余金）・116
　(8) 小　括・116

第8章　1965（昭和40）年法人税法全文改正　121

1　関連事項の年表……………………………………………121
2　第1次調整意見書…………………………………………121
3　税制調査会の動向…………………………………………122
　(1) 1960年の税制調査会第1次答申・123
　(2) 1961年の国税通則法制定に関する答申・123
　(3) 法的基準の提唱・127
　(4) 申告調整・128
　(5) 1965年改正における所得計算・130
　(6) 理論篇における検討・134
　(7) 権利確定主義の沿革・134
　(8) 権利確定主義の論点整理・135
　(9) 小　括・136

第9章　企業会計，商法の動向　141

1　1966（昭和41）年「税法と企業会計との調整に関する意見書」
　………………………………………………………………141
　(1) 企業会計原則制定以降の会計側の動向・141
　(2) 1960年と1962年の連続意見書・142

(3) 1966年第2次調整意見書・144
　　(4) 小　括・146
　2　商法改正の動向 ･･･ 146
　　(1) 商法改正・146
　　(2) 商法第32条第2項の創設・147

第10章　1967（昭和42）年「公正処理基準」創設 ── 153

　1　斟酌規定及び公正処理基準の意義 ････････････････････････････ 153
　2　1967（昭和42）年「公正処理基準」創設までの経緯 ･･･････････ 154
　3　1966年12月の税制簡素化についての第1次答申 ･･･････････････ 156
　4　公正処理基準までの変遷 ･････････････････････････････････････ 157
　5　公正処理基準の解釈 ･･･ 158
　　(1) 第1の点・158
　　(2) 第2の点・159
　　(3) 小　括・159

第11章　会計基準の創設と税効果会計の導入 ── 161

　1　1962年以降2018年までの時代区分 ････････････････････････････ 161
　2　1962年以降2018年までの分析視角 ････････････････････････････ 162
　3　企業会計審議会から企業会計基準委員会へ ･････････････････････ 163
　4　会計基準等と法人税法改正との関連 ･･･････････････････････････ 164
　5　会計ビッグバン ･･･ 165
　　(1) 会計ビッグバンの意義・165
　　(2) 税についてのコスト意識の向上・165
　　(3) 時価評価の導入・166

　　　　(4) 潜在的債務・評価損等の計上・166
　6　国際会計基準の動向……………………………………………166
　　　　(1) 国際会計基準関連事項の年表・166
　　　　(2) 国際会計基準の沿革
　　　　　　〜convergence, legendをキーワードとして〜・168
　　　　(3) 国際会計基準の必要性・169
　　　　(4) 法人税法への影響・170
　7　米国における税効果会計の出現……………………………170
　　　　(1) 米国税効果会計出現の背景・170
　　　　(2) 企業会計における動向の概要・171
　　　　(3) ARB第23号・171
　　　　(4) 税効果会計への理論的系譜・172
　　　　(5) 日本の税効果会計・174
　8　引当金を巡る法人税法・企業会計・商法の動向…………174
　　　　(1) 法人税法における引当金の規定の変遷・174
　　　　(2) 企業会計原則における引当金の変遷・174
　　　　(3) 商法における引当金・175
　　　　(4) 小　括・177
　9　2001年商法改正に伴う税制改正……………………………178
　10　1996年度税制改正によるストックオプション税制の創設……179
　　　　(1) ストックオプション制度の創設・179
　　　　(2) ストックオプション税制の概要・179
　　　　(3) 1997年商法改正・180
　　　　(4) 1998年度税制改正・181
　　　　(5) 法人税における処理・181
　　　　(6) 2001年新株予約権等に係る商法改正・182
　　　　(7) 2002年度税制改正による改正・182
　11　自己株式の取得・保有等の規制緩和に係る税務……………183
　　　　(1) 改正前の取扱いと改正点・183
　　　　(2) 法人株主の税務・183
　　　　(3) 個人株主の税務・184
　　　　(4) 自己株式の譲渡損益・184

12　法定準備金制度の緩和に係る税務·································· 184

第12章　2018（平成30）年法人税法第22条の2の創設　— 189

1　国際会計基準の動向··· 189
2　法人税法と企業会計との関連······································· 191
3　29号基準の位置づけ··· 192
4　22条の2の解釈··· 193
　(1)　22条の2の条文・193
　(2)　22条の2の各項・195
5　実現主義の背景··· 198
　(1)　企業会計原則における実現主義・198
　(2)　米国税務会計史における実現概念と実現主義・198
　(3)　企業会計原則の実現主義・199
　(4)　米国企業会計における保守主義と実現主義・200
　(5)　会計5原則・200
6　29号基準の5つのステップ·· 201
7　国税庁の「収益認識に関する会計基準」への対応について···· 203
8　収益の額として益金の額に算入する金額························· 203
9　収益の額を益金の額に算入する時期······························ 204
10　公正処理基準と別段の定めとの関係······························ 204

第13章　連結納税制度の創設　— 207

1　連結財務諸表と連結納税制度······································· 207
2　連結納税制度導入の背景·· 207
3　2002年連結納税制度導入までの経緯····························· 208

4 連結納税制度の実施状況 ………………………………………… 211
5 連結納税制度の諸外国における類型 …………………………… 212
  (1) 連結納税制度の類型・212
  (2) 英国のグループリリーフ制度・212
  (3) ドイツの機関制度・213
  (4) 米　国・213
6 連結納税制度の長所と短所 ……………………………………… 215
  (1) 連結納税制度の長所・215
  (2) 連結納税制度の短所・216
7 連結納税制度と連結財務諸表との類似点と相違点 …………… 216
  (1) 連結納税制度と連結財務諸表との類似点・216
  (2) 連結納税制度と連結財務諸表との相違点・216
8 日本型連結納税制度の特徴 ……………………………………… 218
9 連結納税制度における個別問題 ………………………………… 219
  (1) 連結納税制度の対象となる子会社等の持株要件・219
  (2) 連結納税制度から除かれる外国法人介在の場合・220
  (3) 連結納税制度と確定決算主義・220
  (4) 連結法人間取引の範囲（棚卸資産の除外）・221
  (5) 欠損金額の持ち込み制限・221
  (6) 付加税・222
  (7) 米国における鏡の子取引とその租税回避防止策・224
10 連結納税制度導入後の変遷 ……………………………………… 224

索　引・227

第1章

分析視角

1 時代区分に基づく分析方法

　米国，英国における税務会計の沿革，特徴については後述するが，日本も他国とは異なる独自の展開が税務会計の領域にある。本書は，税務会計に関連する事項を基準として，時代を区分して，それぞれの時代の事象を検討することで，最終的には，現在における法人税法と企業会計等の関係を分析することを目的としている。

　本書はこれまでの税務会計の沿革を区分して，所得税創設から第2次世界大戦終戦までの創成期を第1期，申告納税制度導入とシャウプ勧告等前後の時期を第2期，1965年の法人税全文改正を第3期，それ以降の現代までを第4期とした。各時期における事象については，以下の年表にまとめた。

(1) 第1期（所得税創設から第2次世界大戦終戦まで）

　この期の動向については，第3章において詳述するが，その特徴としては，会計分野では，吉田良三氏により『會計学』という著作が1910年に上梓され，この著書は，それまでの簿記論から会計学への転回点となったものである。

　同時期に，米国では会計理論の先駆者としてハットフィールド氏（Henry Rand Hatfield）の近代会計学（Modern accounting, its principles and some of its problems.）が1909年に出版され，同氏は後の1938年にSHM会計原則の制定に参画する[1]。

さらに，1930年以降，米国では会計原則の理論的整備が進展するのである。日本において企業会計原則が制定されるのが第2次世界大戦終了後の1949年である。したがって，企業会計原則制定時に，日本の会計専門家は，米国における会計原則の研究成果をGHQ等を通じて入手できる状況にあったといえる。

米国は，1929年の大恐慌後，1930年代初頭から証券取引法の整備と公認会計士監査の充実を図るため，会計原則制定の動きが本格化し，財産法から損益法重視の会計理論にシフトするのである。

他方，法人税は，1899年の所得税法の改正により第一種所得税として創設された。この創設期の法人税における課税所得の計算原理については後述する。なお，税務会計の分野では，1931年に大蔵省職員である片岡政一氏による『税務会計』が出版されている[2]。

1887（明20）	所得税創設
1890（明23）	旧商法成立（日本で最初の法律学上の企業会計規定を設置）
1899（明32）	新商法成立（すべての商人が毎年1回，すべての財産に関する財産目録と，貸借対照表を作成すべきことを要求）
	所得税法改正（第一種所得税として法人課税創設）
1910（明43）	吉田良三『會計学』（同文館）出版
1917（大6）	『會計』創刊
1920（大9）	（米国）マコンバー事案最高裁判決（株式配当は所得でない・実現概念）
1921（大10）	純資産増加説の論稿：ヘイグの「所得概念―経済的及び法的諸側面」『The Federal Income Tax』，コロンビア大学出版局（1921年）所収
1930（昭5）	米国・George O. May：米国会計士協会により組織されたニューヨーク証券取引所との協力特別委員会の座長となり，同委員会とニューヨーク証券取引所の株式上場委員会との間の往復書簡が1934年の「株式会社会計の監査」の基礎となり，日本の企業会計原則に影響を及ぼした。
1931（昭6）	片岡政一『税務会計』（森山書店）出版
1934（昭9）	商工省財務管理委員会「財務諸表準則」公表
	米国会計士協会（AIA：Audits of Corporate Accounts）
1936（昭11）	（米国AAA：A Tentative Statement of Accounting Principles Underlying Corporate Financial Statements）
1938（昭13）	純資産増加説の論稿：シカゴ大学のサイモンズの「所得税」

1940（昭15）	AIA：SHM会計原則（A Statement of Accounting Principles）
	法人税独立
	（米国）Paton・Littleton，An Introduction to Corporate Accounting Standards：『会社会計基準序説』）
1941（昭16）	（米国AAA：Accounting Principles Underlying Corporate Financial Statements）
1942（昭17）	税務代理士法（1951年廃止）
	企画院財務諸表統一協議会「製造工業統一財務諸表準則草案」公表

（2）第2期（終戦からシャウプ勧告後）

　この時期は，第2次世界大戦終戦後，日本の税制及び税務行政等がシャウプ勧告等により整備される一方，企業会計原則の制定，公認会計士制度の創設等があり，1952（昭和27）年に「税法と企業会計原則との調整に関する意見書」（以下「第1次調整意見書」という）が公表されたことで，税法と企業会計の関係が集中して検討された時期である。

　また，終戦後の税制で，現在の財政状態から再導入が懸念されている財産税，富裕税，再評価税は，①再導入が懸念されていることから現在的な意義があること，②申告納税制度を所得税，法人税に先駆けて導入していること，等から，本書第2章では，終戦後のGHQの影響も含めて，財産税等について検討する。

1945（昭20）	連合国軍最高司令官総司令部（GHQ）設置（1952年4月廃止）
1946（昭21）	財産税法施行（昭和21年11月11日法律第52号）
1947（昭22）	所得税及び法人税に申告納税制度が導入
	経済安定本部「企業会計制度対策調査室」発足
1948（昭23）	証券取引法施行（5月6日施行）
	公認会計士法成立（昭和23年7月6日法律第103号）
	経済安定9原則（12月）
1949（昭24）	ドッジ・ライン（Dodge Line）：日本の経済安定のための財政金融政策をドッジ氏が立案・勧告した（2月）。
	シャウプ使節団来日（5月10日～8月26日）
	「日本税制報告書（Report on Japanese Taxation by the Shoup Mission）」巻1～4（9月）

	旧大蔵省の外局として国税庁が設置された（6月1日）。
	経済安定本部の企業会計制度対策調査会が中間報告として「企業会計原則」を公表（7月9日）。商法計算規則との調和を図り，昭和29年，38年，49年，57年と改正。同時に「財務諸表準則」公表。
	日本公認会計士協会設立，第1回公認会計士試験実施
1950（昭25）	昭和25年証券取引法改正（この法律の規定により提出される貸借対照表，損益計算書その他の財務計算に関する書類は，証券取引委員会（後日大蔵大臣に改正）が一般に公正妥当であると認められるところに従って証券取引委員会規則（後日大蔵省令に改正）で定める用語，様式及び作成方法により，これを作成しなければならない）（証券取引法第193条）
	シャウプ勧告を受け入れた税制改正（青色申告制度等）
	シャウプ使節団第2次日本税制報告書（SECOND REPORT ON JAPANESE TAXATION BY THE SHOUP MISSION））（9月21日）
1951（昭26）	税理士法施行（7月15日）
	サンフランシスコ平和条約調印（9月8日，1952年4月28日発効）
	経済安定本部企業会計基準審議会中間報告「商法と企業会計原則との調整に関する意見書」
1952（昭27）	経済安定本部企業会計基準審議会中間報告（小委員会報告）「税法と企業会計原則との調整に関する意見書」

（3）第3期（法人税の全文改正前後）

この時期は，1965（昭和40）年の法人税法全文改正，1967（昭和42）年の法人税法第22条第4項（一般に公正妥当と認められる会計処理の基準：以下「公正処理基準」という）を中心に，企業会計側からは，1965（昭和40）年日本会計研究学会税務会計特別委員会「企業利益と課税所得との差異及びその調整方式」の公表，1966（昭和41）年「税法と企業会計との調整に関する意見書」（以下「第2次調整意見書」という）の公表があり，商法も1962（昭和37）年と1974（昭和49）年に改正されている。

1960（昭35）	大蔵省企業会計審議会「企業会計と関係諸法令との調整に関する連続意見書
1962（昭37）	商法改正：財産法的立場から収益法の立場へと転換。取得原価基準を原則とすることで実務的な負担の軽減を考慮

	・資産評価に原価主義を導入・繰延資産の範囲拡大・引当金の容認
1962（昭37）	原価計算基準制定
1963（昭38）	税制調査会「所得税法及び法人税法の整備に関する答申」
1965（昭40）	法人税法全文改正
	日本会計研究学会税務会計特別委員会「企業利益と課税所得との差異及びその調整方式」
	山陽特殊製鋼倒産
1966（昭41）	大蔵省企業会計審議会「税法と企業会計との調整に関する意見書」
1967（昭42）	法人税法第22条第4項創設
1974（昭49）	商法改正：初めて会計包括規定として「公正ナル会計慣行ヲ斟酌スベシ（第32条2項）」を規定。

（4）第4期（平成における改正動向）

　この時期の特徴としては，商法の度重なる改正から会社法への変化，証券取引法が金融商品取引法に改組されたこと，商法及び会計基準の改正に伴う法人税法の改正等が挙げられる。この期になると，企業会計原則の影響が低下し，会計ビッグバンにより，各種の会計基準が設定されることになる。

　また，この時期は，企業会計において国際財務報告基準（FASB）の動向が注目され，日本の企業会計は，今後どのような方針をとるのかが迫られている。

1996（平8）	金融ビッグバン・会計ビッグバン
	税制調査会「税制調査会法人課税小委員会報告」
1998（平10）	「商法と企業会計の調整に関する研究会報告書」（大蔵省・法務省）
1999（平11）	商法改正：「商法と企業会計の調整に関する研究会報告書」を受けて金融商品の一部について時価評価を導入。
2005（平17）	「商法」から「会社法」へと全面改正。商法にあった包括規定は「一般に公正妥当と認められる企業会計の慣行に従うもの（第431条）」として規定。会社計算規則第3条では「一般に公正妥当と認められる企業会計の基準その他の企業会計の慣行を斟酌しなければならない」とした。
2006（平18）	金融商品取引法成立：「この法律の規定により提出される貸借対照表，損益計算書その他の財務計算に関する書類は，内閣総理大臣が一般に公正妥当であると認められるところに従って内閣府令で定める用語，様式及び作成方法により，これを作成しなければならない。」

	（金融商品取引法第193条） ○「この規則において定めのない事項については，一般に公正妥当と認められる企業会計の基準に従うものとする。」（財務諸表規則第1条第1項） ○「金融庁組織令（平成10年政令第392号）第24条第1項に規定する企業会計審議会により公表された企業会計の基準は，前項に規定する一般に公正妥当と認められる企業会計の基準に該当するものとする。」（財務諸表規則第1条第2項） ○「企業会計の基準についての調査研究及び作成を業として行う団体であって次に掲げる要件のすべてを満たすものが作成及び公表を行った企業会計の基準のうち，公正かつ適正な手続の下に作成及び公表が行われたものと認められ，一般に公正妥当な企業会計の基準として認められることが見込まれるものとして金融庁長官が定めるものは，第1項に規定する一般に公正妥当と認められる企業会計の基準に該当するものとする。」（財務諸表規則第1条第3項） ○「金融庁長官が，法の規定により提出される財務諸表に関する特定の事項について，その作成方法の基準として特に公表したものがある場合には，当該基準は，この規則の規定に準ずるものとして，第1項に規定する一般に公正妥当と認められる企業会計の基準に優先して適用されるものとする。」（財務諸表規則第1条第4項）
2015（平27）	OECDによるBEPS（税源浸食と利益移転）最終報告書公表（10月）
2018（平30）	法人税法第22条の2創設

2　歴代内閣と税務関連事象一覧

　以下は，戦後から現在の安倍内閣までの歴代内閣とその内閣の時代に生じた税務関連事象をまとめたものである。

東久邇稔彦内閣	1945年8月17日～1945年10月9日 ・以降：幣原喜重郎内閣，吉田茂内閣，片山哲内閣，芦田均内閣
吉田茂内閣	1948年10月15日～1954年12月10日
	1949年：シャウプ使節団来日

	1949年:「企業会計原則」公表	
	・以降:鳩山一郎内閣,石橋湛山内閣,岸信介内閣	
池田勇人内閣	1960年7月～1964年11月	
	・所得倍増政策	
佐藤栄作内閣	1964年11月～1972年7月	
	1965年:特例公債法制定	
	1967年:「公正処理基準」創設(法人税法第22条第4項)	
	1971年8月:ニクソンショック(ドルと金の兌換を中止)	
田中角栄内閣	1972年7月～1974年12月	
	1973年2月:変動相場制に移行	
	1973年11月:オイルショック(石油緊急対策要綱を閣議決定)	
	1974年10月:改正商法施行(初めて会計包括規定として「公正ナル会計慣行ヲ斟酌スベシ(第32条2項)」を規定)	
三木武夫内閣	1974年12月～1976年12月	
	1976年度以降:特例公債(赤字国債)の発行	
福田赳夫内閣	1976年12月～1978年12月	
大平正芳内閣	1978年12月～1980年7月	
	・一般消費税導入断念	
	1979年:第2次オイルショック	
鈴木善幸内閣	1980年7月～1982年11月	
中曽根康弘内閣	1982年11月～1987年11月	
	・売上税導入断念	
	1987年9月:抜本的税制改革	
竹下登内閣	1987年11月～1989年6月	
	1988年12月:抜本的税制改革	
	1989年4月:消費税導入	
	以降:宇野宗佑内閣,海部俊樹内閣,宮澤喜一内閣,細川護煕内閣,羽田孜内閣,村山富市内閣	
橋本龍太郎内閣	1996年1月～1998年7月	
	1996年:金融ビッグバン	
	1997年5月:ストックオプション制度の創設(同年6月施行,一部10月1日施行)	
	1998年4月:法人税率の引下げ(37.5%➡34.5%)と引当金の一部廃止	

	1998年6月：総理府の外局として金融監督庁設置
小渕恵三内閣	1998年7月～2000年4月
	1999年3月：金融持株会社解禁
	1999年8月公布：商法（株式交換・株式移転制度の創設）
森喜朗内閣	2000年4月～2001年4月
	2000年5月：商法改正（会社分割制度の創設）（2001年4月1日施行）
	2000年7月：金融監督庁が金融庁に改組
小泉純一郎内閣	2001年4月～2006年9月
	2001年6月：商法改正（自己株式の原則自由化，単位株制度の廃止，額面株式の廃止，法定準備金の減少手続の規制緩和等）（2001年10月1日施行）
	2001年7月：公益財団法人財務会計基準機構の常設委員会である企業会計基準委員会が会計基準設定の主体となった。
	2005年6月：会社法成立（2006年5月1日施行）
	2006年6月：金融商品取引法制成立（2007年9月30日施行）
	以降：安倍晋三内閣，福田康夫内閣
麻生太郎内閣	2008年9月～2009年9月
	2008年：リーマンショック
	以降：鳩山由紀夫内閣，菅直人内閣，野田佳彦内閣，安倍晋三内閣

3　人的側面からの分析

　1945年以降の法人税の課税所得計算を中心として分析を行う上で，本書は，次のような視点からこれを行うこととした。

　法人税の課税所得計算の進展に関与した者として，各グループは次のようにした。それぞれのグループは，ある時代にメインプレイヤー（その分野における強い発言力を持つ者）として税務会計の進展に寄与したのである。

　①　国税関係者：主として当時の大蔵省主税局に勤務経験のある者で，1965年の法人税全文改正及び1967年の「公正処理基準」創設あたりまで，税制

改正に関する著書等を多く発表していた。
② 会計専門家：1949年の企業会計原則制定から，第1次調整意見書等において，法人税法に企業会計の原則等を取り入れることを提唱した。この時期は，企業会計原則世代ということになり，1996年の会計ビッグバン以降，国際会計基準の導入，新しい会計基準の制定は，企業会計新世代の働きによるものである。
③ 税法研究者：シャウプ勧告後，日本の大学に租税法の講座が開設され，税法を専門に研究する専門家が税制調査会等を通じて発言力を増した。
④ 税制調査会：税制調査会は，1959年を境に，それまで断続的であった活動が恒久化して，税制全般にわたり答申等を公表している[3]。
⑤ GHQ：1945年から1952年までの間（いわゆる戦後混乱期）は，税制を巡る環境が錯綜した時期の主役であり，シャウプ勧告を含めて，戦後税制の骨格形成に寄与した。

4　国税関係者

　税務会計とは，法人税の課税所得及び税額計算を行う領域であり，その領域では，税務会計論という理論的研究から，法人税の実務的解説を内容とした著書，論文等という幅広い内容が含まれている。
　他方，法人税法を含む税法全般という分野の研究等では，大学教員を含めた法律家が多く従事しているが，税務会計では，国税関係の官庁に勤務する公務員とその退職者（以下「国税関係者」という），税理士，会社の経理担当者等の実務家が多くの著作等を公表しているというのが現状である。このように税務会計が異なるやや特殊な領域となっている原因は，租税法としての法的側面以外に，課税所得及び税額計算が会計処理及び税務処理を要するテクニカルな内容に基因しているといえよう。
　前出の4つの時代区分と税務会計関係者との関係を筆者なりにまとめると，次のようになる。
① 第1期から第3期までの間で，国税関係者が，税務会計（法人税法）分

野に著書等を通じて多く発言することで影響を及ぼしている。
② 租税法及び会計学の教育等は，前者がシャウプ勧告以降，後者が企業会計原則及び公認会計士監査等の整備以降と，人材の育成が，法人税法の創設・進展より遅れたことにより，国税関係者の知見等が尊重された。
③ 第3期以降，税制調査会による税制改正等に関する情報発信が注目されるようになり，社会各層の有識者の委員と専門委員として学会関係者の発言が次第に増加した。

以下は，それぞれの期においてメインプレイヤーとした活躍された主要な国税関係者等である。

(第1期) 第1期に著書のある者として，片岡氏とほぼ同時期（1934）年に『税務會計』という本を出版している船田勇氏は，東渡部会計事務所という肩書であり，国税関係者かどうか不明である。また，『税の話』（1929年），『所得税の話』（1930年），『企業と租税』（1930年），『営業収益税法の話』（1930年），『相続税の話』（1932年）と多くの税関係の著書のある勝正憲氏は，大蔵官僚等を経て衆議院議員等を歴任した。さらに，1930年に『所得税法精義』を刊行した田中勝次郎氏（1886～1973）の略歴は，東京大学英法科卒業後大蔵省入省（1913），1930年退官後弁護士登録。1955年専修大学教授（～1965）。1965年国士舘大学法学部教授（～1970）で，1951年には『改正法人税法の研究』を刊行している。同氏は，1952年の「税法と企業会計原則との調整に関する意見書」に対して法学重視の立場から批判を展開している（田中勝次郎「税法と企業会計原則との調整意見書に対する批判」『税法学』20号，1952年）。田中氏の著書は，租税回避の研究等で引用されることがあるが，官界，法曹界，学会と多彩な経歴の持ち主であることを本書作成の過程で知ることができた。

(第2期) 第2期における主要な国税関係者は，以下の方々である。
- 松隈秀雄氏（1896～1989）：主税局国税課長，主税局長，大蔵次官
- 池田勇人氏（1899～1965）：1945年主税局長，1947年大蔵次官，1948年退官
- 明里長太郎氏（1900～1985）：主税局
- 渡邊喜久造氏（1904～1965）：1947年経済安定本部財政金融局次長，1949年物価庁第一部長，1950年東京国税局長，1952年主税局長，1956年国税庁長官
- 前尾繁三郎氏（1905～1981）：1945年主税局第一課長，1947年2月～12月主税局長
- 忠佐市氏（1906～1991）：1947年以降主税局経理課長，大蔵省監理課長，調査課長，1951年国税庁調査査察部長，1965年日本大学商学部教授

- 平田敬一郎氏（1908～1992）：主税局長（1950～1953）から1954年国税庁長官（～55）

（第3期） 第3期における主要な国税関係者は，以下の方々である。
- 泉美之松氏：1960年主税局財務調査官，1961年東京国税局長，1962年国税庁次長，1963年主税局長，1965年国税庁長官（～68）
- 塩崎潤氏（1917～2011）：1965年国税庁次長，1966年主税局長
- 吉国二郎氏（1919～1997）：1955年税制第二課長，1961年主税局総務課長，1966年東京国税局長，1967年主税局長
- 市丸吉左衛門氏：1941年以降主税局，1965～1966年関東信越国税局調査査察部長，1966～1967年金沢国税局長
- 武田昌輔氏（1922～2012）：主税局で昭和40年法人税法全文改正に従事，1967年以降成蹊大学経済学部教授
- 井上久彌氏：国税庁勤務，1976年以降日本大学商学部教授

　上記以外に，大蔵省等において主要な役職で活躍した者も多いが，著書等があることを条件にしたことから，上記に掲げた者はその一部ということになる。

　また，第3期では，1963（昭和38）年の税制調査会「所得税法及び法人税法の整備に関する答申」の委員には，松隈秀雄氏（当時67才），渡邊喜久造氏（当時59才），専門委員として明里長太郎氏（当時63才）が参加しているが，それから33年後の第4期の1996（平成8）年の税制調査会「税制調査会法人課税小委員会報告」における国税関係者は，吉牟田勲氏（当時66才）のみで，吉牟田氏と税理士の平川忠雄氏が専門委員になっている。

　以上のように，第3期まで国税関係者が主要な役割を果たしてきたが，第4期までを総括して述べているのが武田昌輔氏である。同氏は，1965（昭和40）年の法人税法全文改正のキーパーソンであるが，第2期から第4期までの事象の背景，舞台裏に通暁していることから，法人税法の変遷を俯瞰する著作を残している。

5 資料分析のルール

　戦後からの税務会計を研究するためには，その時代に活躍した者の著書，聞書等を参考にすることになるが，特に，GHQの管理していた1945年から1952年までの間のいわゆる戦後混乱期は，税制を巡る環境が錯綜した時期といえる。

　例えば，シャウプ勧告について，多くの研究が行われているが，その評価という点では，それぞれの立場によって大きな相違がある。

　本書では，上記3で述べたように，各分野にプレイヤーが存在し，それらの者がそれぞれ属している組織の立場から発言したものが記録として残された結果，同一の事項に対して異なる解釈が生まれる可能性が生じている。言い方を変えれば，一方の分野のプレイヤーと，他方の分野のプレイヤーの見解が結果として相違しているのである。その相違をどちらが正しい認識かという観点から評価するのではなく，異なる認識或いは見解が複数存在し，いずれも当時の認識としては正しいという理解をしないと，いずれか一方に偏した認識を支持すると，歴史の解釈として客観的に適正ということにはならないのではないかと思われる。

　戦後混乱期から約70年以上が経過した現在，当時のプレイヤーでご存命の方がほとんどいなくなってしまったことから，当時を知るこれらの方々が過去に残した聞書等も貴重な資料であるが，これらもその者が属した組織等における見聞をベースにしていることから，その見聞の視野に広狭があり，その資料の裏付けをチェックする必要がある。例えば，申告納税制度を導入した理由を例とすると，各プレイヤーの立ち位置の相違から生じる各種の意見等で，現在入手できる資料のうち引用するものによっては周知されている認識と異なる結果となる場合がある。

　誤解のないように繰り返すが，本書は，戦後混乱期の税制がバラバラであったということではなく，税制を取り巻く環境がバラバラであったという認識であり，いずれが正しいものであるかという判断を避けて，すべて事実であったという立場から分析するということである。

◆注

1) Sanders, Thomas Henry, Henry Rand Hatfield, and William Underhill Moore. A statement of accounting principles. American Institute of Accountants, 1938.
　なお，20世紀初頭の米国会計学の状況については，黒澤清「米国会計学発展史序説」『米国経営学（上）』東洋経済新報社（1956年）が詳しく，また，ハットフィールド氏の学説については，桑原正行『アメリカ会計理論発達史－資本主理論と近代会計学の成立』中央経済社（2008年）がある。ハットフィールド氏の『近代会計学』の翻訳は，松尾憲橘訳『近代会計学・原理とその問題』雄松堂，1971年。
2) 片岡政一『税務会計』森山書店，1931年。
3) 政府税制調査会の歴代会長は，次のとおりである。

	会長氏名と在任中の肩書	在任期間
初代	中山伊知郎（一橋大学教授）	1959～1965年
2代	東畑精一（東京大学教授）	1965～1974年
3代	小倉武一（元農林省事務次官）	1974～1990年
4代	加藤寛（慶応義塾大学教授）	1990～2000年
5代	石弘光（一橋大学学長）	2000～2006年
6代	本間正明（大阪大学大学院教授）	2006年
7代	香西泰（日本経済研究センター元会長）	2006～2009年
	民主党政権下の政治家による税制調査会	2009～2012年
初代	（新税制調査会令による）中里実（東京大学教授）	2013年～

　上記以外に，1956年以降自由民主党税制調査会（略称：党税調）の歴代会長（数字は就任順）は，次のとおりである。以下にある者は，その多くが旧大蔵省出身者の議員である。

1	太田正孝	2	植木庚子郎	3	前尾繁三郎
4	坊秀男	5	小山長規	6	坊秀男
7	植木庚子郎	8	小川平二	9	金子一平
10	倉成正	11	山中貞則	12	村山達雄
13	加藤六月	14	山中貞則	15	三塚博
16	西岡武夫	17	塩川正十郎	18	武藤嘉文
19	村山達雄	20	武藤嘉文	21	相澤英之
22	津島雄二	23	柳澤伯夫	24	与謝野馨
25	津島雄二	26	野田毅	27	宮澤洋一

　この2つの税制調査会の事務方は旧大蔵省主税局である。税制調査会の活動が本格化

するまで，国税関係者として著作等を公表していたが，事務方として税制動向のシャドー・プレイヤーになったのである。

第2章

戦後混乱期の税制
～財産税・富裕税～

1　問題の所在

　2017年から2018年にかけて，国会において中央官庁における書類管理の問題が論議された。第2次世界大戦後の1946年に施行された財産税は，1936年に一度廃止になった税法で，当時の大蔵省は，第2次世界大戦による戦災の被害等を受けながら約10年前の税制資料を保持しその後復活させたのである。1936年に同じく制定されなかった売上税があり，これも10年以上経過した戦後に取引高税となったのである。財産税の施行から70年以上経過した現在，財務省には，当時の記録が残っており，いつでも再度日の目を見ることは可能な状態と推測する次第である。

　現在の日本の財政事情から，日本の財政赤字一掃の最後の手段として，戦後と同様の財産税を甦らせれば，約70年ぶりの復活となるが，そのような状況はあるのかという点が第1のポイントで，次に現在の日本の富裕層に対する税負担割合を高めるために，シャウプ税制により導入されその後廃止された富裕税の再登場はあるのかということが第2の点である。このように，単に歴史を遡って当時の状況を再現することのみではなく，現在の問題と結びつく事項の視点から過去の歴史を照射する必要があるものと思われる。

　さらに，第3の点として，2018（平成30）年法人税法第22条の2の創設は多くの注目を集めた改正であるが，企業会計と税務会計（法人税の課税所得と税額計算）の関係についても，再度考える機会ではないかと思われる。その場合，

1947年の改正により，所得税・法人税に申告納税制度が導入されているが，話の出発点はその辺りからということになる。1947年に所得税・法人税に導入された申告納税制度は，すでに財産税で導入済みであった。この申告納税制度の導入と1949年のシャウプ勧告は，戦後の税務会計分野と関りのある重要な出来事といえる。これらを経て，企業会計原則の制定等に基因した企業会計原則と商法，税法との第1次調整意見書の問題，1965年の法人税の全文改正，1967年の法人税法第22条第4項の公正処理基準の創設等の動きを経て現在につながることになる。このような一連の出来事の最後に，法人税法第22条の2の創設があるという捉え方もできる。

そして，本書では検討対象ではないが，1951年に署名されたサンフランシスコ講和条約以降，1972年5月までの間，米国の施政権下にあった沖縄の税制もある意味では戦後の税制史である。この件に関して，当時の資料の存在を関係者に問い合わせをしたところ，埼玉県和光市にある税務大学校税務情報センター（租税史料室）に当時の沖縄の税制関連資料があることがわかった。

法人税法は1899年の創設時からの歴史であるが，現行の税制を論じる場合，1945年からの税制の動向も重要な事項である。

2　財産税等が再度注目される理由

財務省HPにある「公債残高の累増」の資料によれば，2018年度末の公債残高は，約883兆円で一般会計税収の約15年分（2018年度一般会計税収予算額約59兆円）になっている。

他方，日本銀行が発表した資金循環統計（速報）で2018年9月末の家計の金融資産残高は1,859兆円となっている。

このような財政状況下において，2013年5月31日にマイナンバー関連4法[1]が公布され，2015年10月から個人番号・法人番号が通知されて，2016年1月から利用が開始されている。

そして，2017年9月3日に成立した「個人情報の保護に関する法律及び行政手続における特定の個人を識別するための番号の利用等に関する法律の一部を

改正する法律」（平成27年９月９日法律第65号）により，2018年１月から任意とはいえ預貯金口座にマイナンバーが付番されることになった。この改正の理由は，預金保険機構によるペイオフのための預貯金額の合算や金融機関に対する社会保障制度における資力調査や税務調査のためであるが，一部では，このような状況下において，マイナンバーによる付番が整備されると，第２次世界大戦後の1946年に実施された財産税或いは1950年にシャウプ勧告により導入された富裕税の導入を危惧する声が一部にある。

　このような意見が出る背景には，上記で述べた巨額な公債残高とこの公債残高を上回る家計の金融資産残高の存在がある。また，財産税等に課される税は，納税義務者が少数の資産家であることから，国民全体への影響が少なく，増税反対という運動も少ないことから立法が容易であるという政治的状況を勘案する意見もあろう。

　いわゆる「国の借金」の税収サイドからの整理方法として，EU諸国並みの消費税率引き上げという選択肢と，現在，ネット等において断片的に言及されるこれら財産税或いは富裕税導入の検討も必要である。今後，ある種の非常時に，これらの財産税等が再度導入される可能性をゼロとは言い切れないという認識の下で，これらの税について過去の経緯を踏まえながら，本章は，現状における財産税等の導入可能性と役割を分析することを目的としている。

3　相続税を取り巻く状況

（1）日本の富裕層

　2018年12月18日付の株式会社野村総合研究所による調査によれば[2]，2017年時点で，純金融資産保有額が１億円以上５億円未満の「富裕層」，及び同５億円以上の「超富裕層」を合わせると126.7万世帯であり，内訳は，富裕層が118.3万世帯，超富裕層が8.4万世帯である。世帯数の割合では，超富裕層が0.1％，富裕層が２％である。

(2) 世界の富裕層

クレディ・スイス「2018年度グローバル・ウエルス・レポート」[3] によれば，資産総額100万米ドル超の富裕層の数では，第1位が米国で，日本は第3位，日本の超富裕層（純資産が5,000万米ドル超）の個人は，現在世界第5位である。

(3) 2017年分の相続税の申告状況[4]

2017年中（同年1月1日から12月31日）の被相続人数は約134万人，このうち相続税の課税対象となった被相続人数は約11万2千人で，課税割合は8.3％である。相続財産の金額の構成比は，土地36.5％，現金・預貯金等31.7％，有価証券15.24％の順となっている。

(4) 無利子非課税国債に関する検討

2009年以降，政府・与党内で，無利子であるが相続税がかからない国債の発行が検討されたが，その発行について賛否両論があった。その背景となる状況としては，次のようなことがある。総合研究開発機構によれば，65歳以上の世帯の貯金残高は558兆円で，老後の必要資金を差し引いても179兆円になる[5]。この他に，タンス預金は44兆円，70歳以上の高齢者の保有金融資産は369億円と推計されている[6]。

この案に賛成する意見は，無利子非課税国債を発行して新たな財源を確保したいという政治的な思惑，富裕層に対する相続課税の緩和策等がある。また，反対する意見は，財政上の税収減が最大の理由といえよう。この税収減になるという見解に対して，相続開始直前に同国債を購入し，相続後に償還するという租税回避を防止する観点から，所有期間に応じて償還時に額面金額の一部を償却する方式も考えられる。

(5) 相続税の課税強化と調書制度の整備

2013年度税制改正において相続税等改正が行われ，相続税の基礎控除の引下げによる課税ベースの拡大と税率構造の見直しが行われた。

また，1998年度以降，下記に掲げたような調書制度等が整備されている。

①国外送金等調書 （1998年度改正）	外国への送金額及び外国から送金受領金額が100万円を超えるものについて，金融機関から税務署に提出される法定の報告書である。
②国外財産調書 （2012年度改正）	その年の12月31日においてその価格の合計額が5,000万円を超える国外財産を保有する居住者（非永住者を除く）は，その年の翌年の3月15日までに当該国外財産の種類，数量及び価格その他必要な事項を記載した当該調書を，所轄税務署長に提出しなければならない。
③国外証券移管等調書 （2014年度改正）	この制度は国外送金等調書と異なり金額の基準がなく，国外証券移管等をした有価証券の価格にかかわらず，金融商品取引業者等は国外証券移管等調書を移管等の日の翌月末までに所轄税務署長に提出する。
④財産債務調書 （2015年度改正）	当該調書の提出が必要な個人とは，所得税等の確定申告書の提出が必要な個人で，その年分の退職所得を除く各種所得金額の合計額が2,000万円を超え，かつ，その年の12月31日においてその価格の合計額が3億円以上である財産又はその価格の合計額が1億円以上の国外転出特例対象財産を有する個人である。
⑤出国税 （2015年度改正）	この制度における納税義務者は，居住者のうち国外転出後に日本における居住形態が非居住者となる者である。この税は，次の①及び②に掲げる要件を満たす居住者について，適用する。 ① 国外転出時における国外転出特例対象財産の合計額が1億円以上である者 ② 国外転出の日前10年以内に，国内に住所又は居所を有していた期間として一定の期間の合計が5年超である者

(6) 諸外国の相続税の動向

相続税制のない国で日本と関係の深い国としては，オーストラリア，中国，インド，インドネシア，マレーシア，ニュージーランド等があり，近年相続税を廃止した国としては，マカオ（2001年8月1日以降廃止），香港（2006年2月11日以降廃止），シンガポール（2008年2月15日以降廃止）等がある。特に，シンガポールは相続税を廃止後，海外から富裕層の移住が増加したといわれている。

(7) 米国における遺産税の動向

　2017年12月末に米国の税制改正案が成立した。今回の改正は1986年のレーガン大統領による税制改革法以来30年ぶりの大幅な見直しということになる。今回の改正では，連邦法人税率と所得税率の引下げが焦点の1つだが，遺産税を廃止するという内容が含まれていた[7]。

　遺産税に関する経緯として，2017年11月16日に米国下院を通過した税制法案（Tax Cuts and Jobs Act）では，遺産税の控除額が1,000万ドルに増額され，2024年には遺産税と世代飛越税が廃止となり，贈与税率が最高35％，年間の控除額が14,000ドルとなっている。また，米国上院では，2017年12月2日に上院税制法案（Tax Cuts and Jobs Act）が通過した。この法案では2025年まで，遺産税と世代飛越税の控除額が1,000万ドルとなっている。そして，2017年12月15日に上下院で調整をした最終案が公表されて，最終案が上下院議会を通過して2017年12月22日に大統領の署名により成立したのである。

　結局，トランプ大統領の公約であった遺産税廃止とはならなかったが，控除額が大幅に引き上げられている。

(8) 高度外国人材の課税

　高度外国人材とは，外国から高度の能力を有し，多彩な価値観，経験，ノウハウ，技術を有する個人を日本の企業等に就労させるために，出入国管理上の優遇措置等を講じることとした国家戦略であるが，税制面でも，2017年度税制改正による高度外国人材に対する相続税・贈与税の課税見直しが行われ，高度外国人材として国内財産のみが課税対象となる具体的な要件が，次のとおり規定された。

　① 被相続人及び相続人等が出入国管理及び難民認定法別表第一の在留資格を有していること
　② 国内に住所を有していた期間が相続開始前15年以内で合計10年以下の滞在の場合

　問題は，上記②の要件である10年という期限である。日本で活躍することを希望する高度外国人材にとって10年は短いのである。また，相続税制のない国

或いは軽減されている国の居住者からは,「死んでまで高額な税金に追われる国から早く脱出してきたら」という言葉も聞かれることから,日本の相続税全体を抜本的に見直して,世界的な基準に合わせる議論が必要ではないかということである。

すでに述べたように,「消費税負担を所得に低い層に押し付けて富裕層を優遇する税制」という国内的議論について,発想を転換して,日本に有意な人材を外国から招致するためには,国際基準となる税制が必要という見地から,これまでタブー視されていた領域に税制も踏み込む時期が来たのではないだろうか,という意見もある。

(9) まとめと課題

ここまでの分析からのまとめとしては,次のような項目が挙げられる。
① 日本の財政状態は,相当危険水域にあるといえる。
② マイナンバー法の改正により,預貯金へのマイナンバー付番が整備されると,これらの預貯金が課税当局の把握するところとなり,将来課税される可能性が生じる。
③ 日本の富裕層(資産100万ドル超)は世界第3位であるが,純金融資産保有額が1億円以上の所帯の全世帯数に占める比率は,2%である。この層の課税を強化することは,消費税の税率引上げのように,国民生活全般に影響を及ぼす恐れはなく,強い反対意見が出る可能性は低い。ただし,富裕層の国外移転或いは労働意欲を阻害する等の意見が出る可能性はある。
④ 2016年中の相続税の課税割合は8.3%である。相続財産の金額の構成比は,土地36.5%,現金・預貯金等31.7%,有価証券15.2%であり,地価の下落等が原因と思われるが,土地の構成比率が下落する反面,金融資産の比率が上昇して現在は46.9%である。
⑤ 2013年度の相続税の課税強化と国外財産の把握等を目的とした調書制度及び出国税が整備された。日本は相続税のない国等に囲まれた「相続税のガラパゴス化」状態であることから,富裕層の国内囲い込みともいえる政策を実施している。
⑥ 世界一の富裕層のいる米国では,2018年以降,遺産税の控除額を引き上

げる等の富裕層優遇策を採用している。日本では，2013年以降，相続税の課税が強化されたが，無利子非課税国債の導入等，相続税の課税緩和策は検討されていない。

⑦ 2017年度改正において租税回避の防止として，国内に住所を有しない者であって日本国籍を有する相続人等に係る相続税の納税義務について，国外財産が相続税の課税対象外とされる要件を，被相続人及び相続人等が相続開始前10年以内のいずれの時においても国内に住所を有したことがないこととなり，また，国内に住所を有しない者であって日本国籍を有しない相続人等が国内に住所を有しない者であって相続開始前10年以内に国内に住所を有していた被相続人等から相続又は遺贈により取得した国外財産を，相続税の課税対象に加えることになった。

以上の結果，富裕層の国内囲い込みにより課税強化が行われ，国外に財産を移動させたとしても，調書制度等の整備，金融口座情報自動的交換報告制度の進展等により課税当局により捕捉されることになり，富裕層自身の国外移転については，出国税，相続税・贈与税の課税要件である国内に住所を有しない期間の5年が10年に改正されたのである。

今後の課題としては，少数の富裕層は政治的に抵抗しても多数の国民からの支援が得られない弱者ということもでき，かつ，制度的に，国内に囲い込まれた状況にあることから，資産に対する課税が今後強化される可能性を否定することはできない。

4 財産に課される税の概要

財産に課される税は，財産の所有という事実に基づいてその担税力があるとして課す税である[8]。

(1) 実質的財産税と名目的財産税

標題にある財産税の区分は，次のとおりである[9]。

財産税	実質的財産税	そのものを課税対象にすると共に税源として予定している税（1946年の財産税）
	名目的財産税	課税の対象は財産であるが，税源としてはその財産から生じる所得が予定されている税（1950年制定の富裕税，西ドイツの財産税）

（2）一般財産税と個別財産税

標題にある財産税の区分は，次のとおりである[10]。

財産税	一般財産税	1946年導入の財産税，1950年から1952年に施行された富裕税が該当する。これらの税は，各人の所有する財産の額から負債の総額を差し引いた純財産総額を課税標準とする人税である財産税
	個別財産税	固定資産税のように，財産の価格そのものを課税標準にした物税である財産税

（3）再評価税

 第2次世界大戦後の激しいインフレにより企業の簿価は，再調達価格を下回ることになり，当該簿価を基準とした減価償却では，減価償却費の過少，利益の過大という結果になり，企業資本が蚕食される可能性があった[11]。

 再評価税は，シャウプ勧告により1950年に導入され，1961年末に廃止されているが，再評価益に対して6％の課税が行われたのである[12]。この税の目的は，資産再評価法（昭和25年法律第110号）第1条に「この法律は，資産の再評価を行うことにより，法人及び個人を通じて，適正な減価償却を可能にして企業経理の合理化を図り，資産譲渡等の場合における課税上の特例を設けてその負担を適正にし，もつて経済の正常な運営に寄与することを目的とする。」と規定されている。

 資産の再評価は，第1次再評価が1950年，第2次再評価が1951年に行われているが，その実績の件数は第1次が36,000件，第2次が4,000件で，大企業はおおむね再評価を行ったが，中小企業は低調であった[13]。第3次評価は，1953年及び1954年に1回再評価することが認められている[14]。

この再評価税は，法人・個人の資産に対して再評価を行い，減価償却は再評価格を基礎に行うこととされ，インフレ被害者との公平を図るために再評価税が課税されたのである[15]。

また，近年，「土地の再評価に関する法律」（平成10年法律第34号）が施行されている。この法律は，金融機関，事業会社の資本増強を目的としたもので，土地の評価益の課税はない。

以上のことから，過去に施行された再評価税は，その目的がインフレ対策として減価償却資産が対象であり，1998年施行の土地再評価法はその評価益に課税しないことから，本章のテーマである資産の課税から外れることになる。なお，資産再評価に関連する法律の動向は，以下の年表である。

1950年4月25日	資産再評価法（昭和25年法律第110号）：第1次
1951年4月	第2次資産再評価法（「改正資産再評価法」）
1953年8月	第3次資産再評価法
1954年	資本充実のための資産再評価等の特別措置法（昭和29年法律第142号）により資本金5千万円以上及び資本金3千万円以上で再評価限度額1億円超の企業は強制再評価
1957年	「中小企業の資産再評価の特例に関する法律」
1998年3月	「土地の再評価に関する法律」（平成10年法律第34号）
1999年3月	「土地の再評価に関する法律の一部を改正する法律」
2001年3月	「土地の再評価に関する法律」の一部改正

5　財産税導入の背景

（1）臨時財産税創設に関する日本税務協会の建議書

1945年10月30日の「臨時財産税創設に関する日本税務協会の建議書」（以下「建議書」という）の状況[16]とその後の財産税の動向等を年表にすると，以下のとおりである。

1945年8月15日	前尾主税局第一課長　財産税，売上税の必要性を発言[17]
1945年10月9日	幣原内閣成立（渋沢大蔵大臣：軍需補償額1千億円の支払いを財産税で吸収することを条件に大臣就任）
1945年10月30日	臨時財産税創設に関する日本税務協会の建議書
1945年11月24日	GHQ「戦時利得の除去及び国家財政の再編成に関する覚書」（SCAPIN-337）
1946年1月10日	財産税，個人財産増加税，法人戦時利得税の法案要綱が大蔵省より発表
1946年2月17日	金融緊急措置令公布・施行（第2次大戦後の急激なインフレーションを終息させるために行われた通貨・金融措置。預金封鎖，新円への切り替えなどが行われた）
1946年2月17日	臨時財産調査令（昭和21年2月19日勅令第85号）：3月3日時点の財産（金融資産）を強制的に申告させており，この調査結果に基づいて課税額を決定。（廃止：昭和26年11月26日法律第263号）
1946年10月	戦時補償特別措置法（昭和21年法律第38号）で戦時補償特別税課税
1946年10月30日	戦時補償特別税施行
1946年11月20日	財産税法施行（昭和21年11月11日法律第52号） 財産税法の一部を改正する法律（昭和26年11月26日法律第263号）
1946年12月	財産税法施行細則（昭和21年12月大蔵省令第123号）

　これについて，井上一郎氏は，戦後の財産税構想は，GHQの指令発出前に財政再建の必要上当然の措置として研究が進められ，GHQの指令が遅れて発出されて事態が進展したという見解を示している[18]。

　建議書に示された臨時財産税創設の趣旨概要は次のとおりである[19]。

　戦争の犠牲者がいる半面，戦争により富を得た軍需成金等も多く存在し，空襲等の厄を免れて生命財産が損傷しなかった者もある。これら財的僥倖者に対する特別な課税（1回限りの財産課税）を行うことは国家財政，国民経済上の時局的要求に適合する，というものである。

　この趣旨概要と建議書の状勢等を勘案すると，国家財政再建のある種の切り札として財産税が画策されていたものと思われる。

　財産税法による税収が期待された背景には，第2次世界大戦中に日本政府が軍需会社法等により公約した軍需会社の損失の補償に対する補償の未払い分に

ついて，GHQの方針等により，1946年に戦時補償特別措置法を制定し，補償と同額の税収（戦時補償特別税）を得ることにより実質的に戦時補償打切りの措置をとったのである[20]。

（２）金融緊急措置令の施行[21]

金融緊急措置令（以下「緊急措置令」という）に基づくいわゆる「預金封鎖」は1946年に実施されたものであるが，2013年3月16日にはキプロスにおいて預金封鎖が行われており，第2次世界大戦後の戦後処理の時代の産物と決めつけることはできない。

緊急措置令に基づいて1946年2月17日より預金が封鎖され，1946年3月3日には1世帯の月額預金引出額が500円以内に制限される等の措置が採られた。これにより新円への切り替えと共に，財産税の課税のための資産の把握が容易となった。

6　財産税の概要とその影響

（１）財産税の法案と制定法

財産税法（昭和21年（1946年）11月11日法律第52号）は，戦時補償特別措置法（昭和21年法律第38号）と併せて制定されたものであるが，その原案は，1945年12月28日に閣議提出，同30日閣議，同31日にGHQ司令部に提出された3法案（財産税法案，法人戦時利得税法案，個人財産増価税法案）である[22]。

財産税法案の構成は，次のとおりである[23]。

第1章	総則	第1条～第10条
第2章	個人財産税	第11条～第23条
第3章	法人財産税	第24条～第35条
第4章	財産ノ評価	第36条～第48条
第5章	申告，申請，調査及決定	第49条～第55条
第6章第1節	個人財産調査委員会	第56条～第81条

第6章第2節	法人財産調査委員会	第82条～第87条
第7章	審査，訴願及行政訴訟	第88条～第92条
第8章	徴収	第93条～第107条
第9章	雑則	第108条～第123条
第10章	罰則	第124条～第137条
附則		第138条～第142条

制定された財産法の構成は，次のとおりである。

第1章	総則	第1条～第11条
第2章	課税価格，免税点及び税率	第12条～第24条
第3章	財産の評価	第25条～第36条
第4章	申告	第37条～第39条
第5章	納付	第40条～第45条
第6章	課税価格の更正及び決定	第46条～第50条
第7章	審査，訴願及行政訴訟	第51条～第54条
第8章	物納及び延納	第55条～第59条
第9章	雑則	第60条～第75条
第10章	罰則	第76条～第81条
第11章	補則	第82条
附則		

　上記に示したように，法案と制定法は，その内容に大きな相違がある。これについて，渡邊喜久造氏は，その間の経緯を次のように説明している[24]。すなわち，当初において，財産税は軍需補償と国債償還の財源とする案であったが，その後の状況の変化により，軍需補償は戦時補償特別税で行い，当初案にあった法人に対する財産税の課税がなくなったのである。その理由として，法人は戦時補償特別税により影響を受けるため，法人戦時利得税及び法人財産税が中止となったのである。

（2）財産税の執行上の特徴

　法律としての財産税の特徴は後述するとして，財産税法は，従前の日本の税法にない特徴を有しているという以下のような分析がある[25]。

①　申告納税制度の導入
②　納税義務者の公表制度：税務署長は申告期限後4か月以内に課税価格50万円以上の納税義務者の住所，氏名，課税価格その他を官報，新聞等に公表することになっている。また，各人の提出した申告書は所定の手続きを経て誰にも閲覧させることになっている。
③　第三者通報制度：無申告或いは過少申告の事実を政府に通報した者に対して，通報による追徴金の2割5分以下で10万円を限度とする報奨金が交付される。
④　追徴金重課税制度：申告後に政府による更正，決定を受けた場合，年1割の割合での税金の加算と所定の理由がある場合，1か月につきその税額の5％が追徴される。
⑤　異議財産買収制度：政府による課税価格の更正又は決定による評価が高額であるという異議を申し立てた場合，納税義務者の主張する金額で政府がその財産を買収し，その対価を国債で払うという制度である。この制度は，不当な異議申し立てを防止するための措置である。

上記の①の申告納税制度は，従前，課税当局による査定により決定していた課税標準及び税額等が，米国の方式を導入して納税義務者が自らの計算した金額を申告する方式となった。日本では，1947年の所得税以降，所得税，法人税及び相続税にこの制度が導入され現在に至っている。

(3) 財産税法の構成

財産税法の構成は，次のとおりである。

イ　納税義務者

納税義務者は無制限納税義務者と制限納税義務者に分けられており，現行の所得税法等における納税義務者と相違はないが，引揚者等に対する特例措置，国際連合に加盟している諸外国の外国人への免税（第3条）の規定がある。

また，法人については，財産税案の段階では納税義務者となっていたが，戦時補償特別税の課税を行うことで財産税の課税から除かれている[26]。

無制限納税義務者は，1946年3月3日午前零時においてこの法律の施行地に

住所又は1年以上居所を有していた者であり，その課税対象は財産全部である。
　制限納税義務者は，無制限納税義務者以外の個人で，調査時期においてこの法律の施行地に財産を有している者でこの法律の施行地にある財産に対して1回限り課税となる。
　財産税の納税義務者に特定の財団或いは社団を除く法人は含まれていない。また，海外からの引揚者については，調査時期による不利がないように，調査時期後2年以内に法律の施行地に住所を有し又は1年以上居所を有することになったものという規定がある。なお，財産税法は，命令で定める外国人には課税されない（第2条）。

　　ロ　預貯金への課税
　財産税の課税が難しい財産に預貯金がある。財産税の課税では，1946年3月3日に「預金封鎖」をしたことから，その時点における預貯金の額を確定することができた。この財産の額の確定は，すべての納税義務者に適用されることであるが，制限納税義務者の場合は，財産の所在地が問題となる。そこで，財産税に係る規則第4条は，第5条第1項4号に規定により所定の金融機関を定めている。

　　ハ　課税価格
　財産税の課税の特徴は，同居家族がある場合，家族全体として課税することになっている。これは，同居家族間で財産を分散する行為を防止するための措置である。

　　二　税率と按分税額
　財産税の税率は，以下のとおりである。同居家族の課税価格を合算したときは，算出した税額をそれぞれの課税価格に按分する（第23条）。

課　税　価　格	税　　率
10万円を超える金額	25%
11万円を超える金額	30%

12万円を超える金額	35%
13万円を超える金額	40%
15万円を超える金額	45%
17万円を超える金額	50%
20万円を超える金額	55%
30万円を超える金額	60%
50万円を超える金額	65%
100万円を超える金額	70%
150万円を超える金額	75%
300万円を超える金額	80%
500万円を超える金額	85%
1500万円を超える金額	90%

ホ　財産の評価

　財産の評価については，財産税法第3章に規定があるが，土地又は家屋の価額は，その賃貸価格に一定の倍率を乗じて算出した金額によると規定されている（第25条）。

　現行法では，相続税における財産評価通達等が完備していることから，評価が難しいとされる財産等を除けば，この問題は当時と比較すると整備されているといえよう。

ヘ　申　告

　申告については前述のとおり申告納税である。なお，納付については第8章に「物納と延納」の規定がある。

　仮に，今後財産税が導入されることになった場合，1946年当時と現代では次のような環境の相違がある。

① 国外財産調書，国外証券移管等調書，財産債務調書等の調書制度が整備されたことで，課税当局も財産の動向を把握することが容易になっている。

② 所得税租税条約による情報交換，タックスヘイブンとの情報交換協定，金融口座情報自動的交換報告制度の執行等により，クロスボーダーの投資等の情報が透明化されている。

③ マイナンバー制度等の導入により，財産の状況把握が容易になっている。

（4）再度の財産税適用の可否

専門的な経済知識がない場合であっても，現在の日本の財政を改善するための方法として，ハイパーインフレーションにより国債の価値を下落させる方法或いは現行税制にはない多額の税収が期待できる税を導入することで財政収支を改善することは容易に思いつく事項である。

しかし，そうするためには，国内に生じる経済の混乱等を覚悟する必要がある。また，財産税は個人を納税義務者としたが，原案では法人も納税義務者であった。すでに，法人を対象とする財産税の原案は財務省に存在しているのである。

このようなことから，財産税の再導入は，政治的状況，執行上の問題点等から可能性が低いが，まったくゼロとは言えないのである。結局のところ，財産税は究極の税として，水面下に今でも存在し続けているといえるのである。

7　富裕税概説

財産税と富裕税は，前者が一度きりの課税であったのに対して，後者は毎年課税をするという点が最も大きな相違点である。また，富裕税は現在でも欧州諸国で実施されている。

富裕税に関して，財政学の見地から分析した2つの論文をここでは取り上げる。

最初に，大浦氏の所見のうち，注目すべき点として以下を掲げる[27]。

第1に，富裕税の適用を個人のみとすべきか，個人及び法人の双方にするべきかという問題について，当時の西ドイツ（以下「ドイツ」とする）のように個人及び法人の双方に課税している例もあるが，二重課税を避ける意味から個人のみに課するのがよいとされている。EECのノイマルク委員会も法人への課税反対であり，シャウプ勧告も個人に課すべきと述べている。

第2に，富裕税の長所として次の5項目を挙げている。

① 水平的公平の維持に役立つ：例えば，所得がなくても財産を所有している者もいることから，富裕税は所得税の補完税としての性格である。
② 分配の平等を促進する：富裕税は低税率による課税であることから，分配の平等という点からは多くを期待することはできないが，財産の不平等の是正が多少とも行われることになる。
③ 資源利用の効率性を高める：富裕税は勤労意欲，事業意欲を害うことが小さく，所有財産を所得を生み出す生産的な用途に向けさせるようになる。
④ 経済の安定化に役立つ：富裕税は，景気弾力的な所得税と比べて安定的である。
⑤ 税務行政上の統制を強化できる：各人の財産の詳細な資料が課税当局に渡ることで所得税の分野でも利用できることになる。

富裕税の短所としては，次の3点が挙げられている。
① 税務行政上の諸困難：課税客体の捕捉（例えば，宝石，美術品等），評価の困難性
② 徴税費が大きくなること
③ 経済の停滞：富裕税を課税する結果，国内資本の国外流出が生じ，外国資本の国内流入が止む。

1923年導入という歴史を持つドイツの富裕税の特徴は，次のとおりである。
① この富裕税は州税である。
② 納税義務者は個人と法人であるが，会社と株主双方に課税することから二重課税という批判がある。
③ 夫婦と子供の財産は合算され，基礎控除，配偶者控除，扶養家族控除があるが，非居住者には人的控除がない。
④ 非課税財産，免税点（例えば貴金属・宝石の場合1,000マルク，美術品20,000マルク等）がある。
⑤ 銀行預金と株式の合計額，生命保険からそれぞれ10,000マルクが控除される。
⑥ 税率は個人が0.7％，法人が1％の比例税率である。

8　欧州富裕税の特徴

　欧州富裕税の特徴について，以下は，古田氏の分析を参考にする[28]。
　この分析では，西欧諸国の富裕税（以下「西欧富裕税」という）として，富裕税を導入しているドイツ，オランダ，スウェーデン，デンマーク，と同税の導入を検討していた英国が取り上げられている。
　この西欧富裕税の共通の特徴は，所得税の補完税であり，所得税削減型富裕税として水平的公平の達成を意図しているが，経済効率を促進するために導入されたとみなすことはできないとしている。
　また，ドイツは，内国法人と個人の双方に富裕税を課しているが，このような税制とした理由について，ドイツ政府は，法人企業と個人企業の競争条件の同一化と税収確保を掲げている。これについて，古田氏は，法人企業と個人企業の競争条件の同一化が狙いならば，法人税も含めた税制全般にわたり同様の措置を採るべきではないかという疑問を呈している。
　オランダは，資産評価で市場価格を基準としている点でドイツより進展しているが，農地及び宅地の評価は市場価格を下回っている。しかし，伝統的に富裕税を執行しているオランダでは執行面が他の国よりも成功を収めている。
　スウェーデンでは，課税資産から非課税資産（例：郵便切手，美術品コレクション，生命保険証券等）へと転換する傾向があった。
　デンマークは，課税最低限が他国と比べて高いこと，宝石が非課税であること等問題が多い。
　理論的側面の課題の1つは，資本利得税（キャピタルゲイン税）との調整である。富裕税は，資産を保有した状態で課税されることから，資産価額の実現・未実現にかかわらず課税となるが，資本利得税は資産を移転した際の実現益に課税となることから，富裕税は資本利得税の部分的代替税とみなすことができる，というのが古田氏の見解である。

9　税制調査会における検討[29]

　1961年の政府税制調査会で,富裕税(一般財産税の名称を使用)導入が検討対象となり,以降,1964年,1977年,1980年,1983年,1986年の答申に導入論に関する議論を見ることができるが,具体的な進展を見る内容ではない。
　1961年の答申では,富裕税の長所として次の4点が挙げられている。
① 多額資産保有者とそうでない者との担税力の差は所得課税だけでは不十分で一般財産税によるべきである。
② 一般財産税を課し財産状況を常に把握できれば,高額所得者課税にも好結果となる。
③ 一般財産税の導入は,給与所得,事業所得の軽課となり,勤労意欲の増進につながる。
④ 一般財産税は無収益資産の収益資産への活用等資源の有効利用に役立つ。
　短所としては,次の2点が挙げられている。
① 土地,建物のような表現資産に比し,現金,預金,株式等の不表現資産の把握が困難で執行上著しい不公平が生じる恐れがある。
② 土地建物への固定資産税と一般財産税の調整が必要である。
　上記の短所のうちの②については,一般財産税のうちの財産税は,財産そのものを課税対象にすると共に税源として予定している税である実質的財産税であり,富裕税は,課税の対象は財産であるが,税源としてはその財産から生じる所得が予定されている名目的財産税と区分されていることから,個別的財産税である固定資産税と富裕税の重課の調整は不要と思われる。
　1964年12月の政府税制調査会答申の「資産課税のあり方」では,所得税の補完税としての財産税の導入という考え方に対して,現金等の不表現資産の捕捉が困難であること,非収益資産に対する課税が国民感情に合致しないこと等種々の困難な問題があるので,理論的にはともかく実際の税制としてはこれを採用することは適当ではない,という見解が示された。

10　シャウプ税制からの教訓

　シャウプ勧告に基づいて行われた1950年の税制改正において富裕税が導入され3年間にわたり執行された経緯がある[30]。
　富裕税は，所得税の税率引下げに伴う補完税として導入されたのであるが，預貯金等に関する資料提供のための調書制度が十分に機能しなかったこと等が原因で，徴税コストが大きい割に低税率の課税であることから税収が見込めない等の要因も加味されて廃止されたのである。
　日本の富裕税もドイツ等の西欧型の富裕税をベースにしたもので，今後，日本において富裕税導入が問題になるときに，すでに，一度実験的な導入を行っていることが参考になる。1950年の導入時から約70年近く経過した現在，富裕税再導入論の環境も大きく変わっていること，西欧諸国における富裕税執行の知見を利用できること等から，新たな視点から日本型修正版富裕税も検討対象になろう。

11　租税政策としての富裕税

　富裕税は，理論的側面として水平的公平の維持という特徴があることから，消費税の税率引き上げ等との関連で富裕税再導入論を俎上に載せる可能性がある。
　2019年10月に予定されている消費税率の8％から10％への引き上げについて，景気への悪影響或いは国民の反感等から反対するむきもある。
　このような状況下にあって，少数の富裕層に負担増を強いる富裕税については，納税義務者からの反発も消費税ほどに強くないことは予測できるのである。また，近年の国外財産調書，財産債務調書等の調書制度の整備，金融口座情報自動的交換報告制度等の進展，マイナンバー制度の拡充に伴う預貯金等への付番の拡大等の周辺状況の変化により，富裕税再導入が検討される可能性がゼロとはいえないのである。

12　1988年OECDによる個人の富裕税等に係る報告書[31]

(1) 富裕税施行国一覧

　1988年OECDによる個人の富裕税等に係る報告書（以下「1988年報告書」という。また，この報告書を引用した場合，該当のパラグラフをパラと表示する）は，富裕税，相続税及び譲渡所得税の対象となる財産（報告書ではcapitalという用語を使用）に係る税について，OECD加盟国[32]への質問状を送りその回答をまとめたものである。

　1986年4月1日現在のOECD加盟国のうち富裕税を施行している国は，次のとおりである[33]。

国　　　名	富裕税の現況
オーストリア	個人・法人対象で単一税率
デンマーク	個人対象で単一税率
フィンランド	個人対象のみ
フランス	個人対象で1987年1月に廃止
(西) ドイツ	個人・法人対象で単一税率
アイスランド	個人対象で単一税率
ルクセンブルク	個人・法人対象で単一税率
オランダ	個人対象で単一税率
ノルウェー	個人・法人対象，国と地方の双方で課税
スペイン	個人対象のみ
スウェーデン	個人対象のみ
スイス	個人・法人対象で州税

(2) 富裕税を採用した理由

　経済学的見地から富を垂直的に公平にすることを理由の1つとして挙げているのは，フランスである。英国では，1974～1975年の間に，この富の偏在が検討されたが富裕税の導入には至らなかった（パラ1.7）。

(3) 富裕税を廃止した理由

日本は，執行上の困難性を理由に短期間で富裕税を廃止した。アイルランドは，1975年に富裕税を導入したが，同税が経済成長を損なうという見地から廃止した。フランスは，1982年に富裕税（IGF）を導入したが，政権交代により新政権は，同税が免税等を設けることで公平を欠いており当初の目的を達成していないということで廃止した（パラ1.9）。

(4) 富裕税を採用しなかった理由

オーストラリアでは，租税検討委員会が行った1975年の報告では，執行上の困難性を理由に導入しなかった。さらに，同国は，1985年の白書においても富裕税導入を見送るとしている。日本については，1986年10月の政府税制調査会の答申で取り上げ，中長期的に検討という結論である。ニュージーランドでは，富裕税導入が何度も検討対象として取り上げられているが，広範な議論に進展していない。英国は，1970年代の労働党政権下において，水平的公平と富の適正な分配を改善するために富裕税導入を真剣に検討した時期があったが，1979年に政権に就いた保守党サッチャー政権は，富裕税導入に反対した。

一般的に富裕税導入が反対される理由とは，預金或いは財産に関して，課税当局の執拗な質問が行われることである（パラ1.11）。

(5) 納税義務者の居住形態

富裕税の納税義務者は，居住者と非居住者に区分され，居住者はすべての財産が課税対象となる。しかし，ノルウェーとスイスでは，国外所在の不動産は課税対象外で，スイスは，国外の事業所等の恒久的施設も課税対象外である。

非居住者について，国内財産が課税対象である国は，フランス，ノルウェー，ルクセンブルク，スペインである。フィンランドは，課税対象から株式，社債及び特許権を除外しているが，その理由は，これらの財産に対して源泉徴収による課税或いは免税措置に従っている所得であるからである（パラ1.17～1.18）。

(6) 課税単位

富裕税における租税回避で最も一般的な方法は，家族への財産を分散することである。そのため，富裕税を導入しているすべての国で，夫婦は合算課税である。また，デンマークとオランダを除いた国は，子弟も両親と合算課税としている（パラ1.20）。

(7) 実効税率の上限（シーリング）

所得税と富裕税の実効税率の上限を定めている国は，デンマーク，フィンランド，オランダ，スペイン，スウェーデンである。上限を定めていない国は，オーストリア，フランス，ドイツ，ルクセンブルクである（パラ1.25〜1.26）。

(8) 債　務

富裕税が課税となる財産の計算では，債務は控除されることになる。この控除される債務は債務として確定したものであり，未確定なものは含まれない。オーストリア及びオランダでは，引当金が控除の対象となる。1975年まで，ドイツの富裕税の税額は，所得税から控除することが認められていた。その他の国においても，富裕税額を他の税目と調整する場合が多くある（パラ1.38）。

フィンランド，ノルウェー，スペインとスウェーデンは，免税となる財産と関連する債務の控除を認めている。他方，オーストリア，デンマーク，フランス，ドイツ及びルクセンブルクは，この種の債務の控除を認めない立場である。スイスでは，富裕税の課税対象から国外不動産を除いていることから，控除する債務も按分計算することになる（パラ1.39）。また，スウェーデンでは，非居住者の場合，同国内に所在する不動産が課税対象になることから，債務もそれに関連したものに制限されている（パラ1.43）。

富裕税の課税財産の計算において控除となる債務についてコメントすると，租税回避を防止するための措置が必要である。例えば，借入金で不動産を購入した場合，不動産の評価が低いと正味財産はマイナスになる。同様に，宝石・貴金属等について非課税となる金額を設ける場合，同様の効果が生じる。これを防止するためには，課税時点より3年以内に購入した不動産は，取得価格に

より評価すること，宝石等に関する非課税額を低く設定すること等によりある程度問題点は解消できる。さらに，非課税となる財産購入のための債務は控除を制限することが必要であろう。

（9）免税，救済措置

免税等の措置を講じた場合，富裕税の租税回避を図るために投資にゆがみが生じることになる（パラ1.44）。しかし，西欧諸国の富裕税は，広範囲な免税，人的控除そして年金受給権に対して免税措置を講じている（パラ1.45）。フランスは，事業資産と森林及び立木の価値の4分3を免税としている。ノルウェーとスイスは，国外の不動産を課税対象としていない（パラ1.46）。

（10）評　価

以下の表は，各国の評価の時点・評価の間隔と不動産の評価方法である。

国　名	評価の時点・間隔	不動産の評価方法
オーストリア	1月1日・3年	建物は9年間の建設費平均，土地は別途評価
デンマーク	12月31日・毎年	4年毎の市場価額
フィンランド	12月31日・毎年	建物は再取得価額，土地は別途評価
フランス	1月1日・毎年	市場価額
ドイツ	12月31日・3年	6年毎の評価
ルクセンブルク	1月1日・3年	収益還元評価
オランダ	1月1日・毎年	使用可能な状態の市場価額の60%
ノルウェー	1月1日・毎年	市場価額
スペイン	毎年	市場価額
スウェーデン	12月31日・毎年	5年毎の市場価額の75%
スイス（チューリッヒ州）	1月1日・2年	市場価額

（11）小　括

1988年にOECDがまとめた西欧諸国における富裕税の実態は，これらの国へのOECDからの質問票に基づいてまとめられたものである。この報告書の作成は，今から約30年前になる。富裕税を導入していた国が同税制を廃止した原因

の1つは，富裕税の課税を行わない国への納税義務者或いは財産の移転である。この点について，1988年報告書は各国がどのような対策を講じているのかについて触れていない。

13　欧州における富裕税の概観

（1）2018年現在の富裕税の導入状況

2018年現在の富裕税の導入状況については，章末に資料を添付してあるが，前とのつながりから，1988年報告書当時富裕税を導入していた国が，その後どのような状況に至ったのかを以下にまとめてみた。

国　　名	富裕税の状況	1988年以降の動向
オーストリア	個人・法人対象で単一税率	2000年に廃止
デンマーク	個人対象で単一税率	1995年に廃止
フィンランド	個人対象	2006年に廃止
フランス	個人対象で1987年1月に廃止	1989年に再導入
（西）ドイツ	個人・法人対象で単一税率	1997年に廃止
アイスランド	個人対象で単一税率	1997年に廃止
ルクセンブルク	個人・法人対象で単一税率	2016年に再導入
オランダ	個人対象で単一税率	2001年に廃止。現在は，貯蓄と投資から生じる所得に課税
ノルウェー	個人・法人対象，国と地方の双方で課税	継続中
スペイン	個人対象	2017年州税と課税
スウェーデン	個人対象	2007年に廃止
スイス	個人・法人対象で州税	州税として課税

1988年報告書では，12か国が富裕税を導入していたが，約半分の国が同税を廃止している。また，オランダのように，富裕税とは異なる税で特定の財産に課税する方式を採用している国もある。

(2) 欧州における富裕税の動向

2015年に掲載された論文は「富裕税をめぐる欧州の動向」というタイトルで2015年5月に公表されたものであるが[34]，本論文に，欧州の富裕税の実施状況として，フランス，ノルウェー，スイス，アイスランド，スペインの同税制が検討されている。以下，本論文を参考に，ここに掲げられた国々の富裕税について検討する。

イ　フランス

フランスは，社会党のミッテラン大統領の下でモーロワ内閣が富裕税（IGF）を導入したが，1986年に誕生した保守系のシラク内閣により1987年に廃止され，1988年に再選されたミッテラン大統領の下で，1989年に連帯富裕税（ISF）として再導入されている[35]。

2017年5月に就任したマクロン大統領は，ISFを批判して，2018年財政法においてISFの適用範囲を不動産等に限定し，その課税範囲を縮小して税の名称もIFIに改正している[36]。

(イ)　納税義務者

　フランス居住者はすべての財産，非居住者はフランス国内の不動産であるが，フランス居住者となった後の5年間，国外財産は免税となる。

(ロ)　合算課税

　配偶者，子弟の財産も合算して富裕税の課税が行われるが，同棲しているカップルの場合も合算が行われる。課税対象から法人或いは事業上の資産は除かれるが，フランスの不動産保有会社（SCI）を通じて所有する財産は課税である。

(ハ)　評価時点等

　IFIは，毎年申告・課税となるもので，合算の評価は毎年1月1日である。したがって，年の途中で財産に変動があっても課税に変化はない。また，フランス居住者になってからの5年間は，フランス国内の財産だけが課税対象となる。

(ニ)　評　価

自宅は市場価額から30％減額する。また，賃貸物件は20％の減額である。また，自宅の場合は，5％の収益還元法，商業物件の場合は8％で計算した額が認められる。

(ホ) 税　率

2018年のIFIの適用税率は，80万ユーロを超えて130万ユーロ以下が0.5％で，最高税率は1.5％である。なお，フランス居住者の場合，所得税，富裕税及び社会保険料の合計額が前年の所得の75％を上限とする[37]。

ロ　ノルウェー

ノルウェーにおける富裕税の特徴は，居住者に対して国と地方自治体双方で課税をしている点である。財産の評価は課税年度前年の12月31日現在の価額である。夫婦の場合は財産を合算することになる。課税は140万ノルウェー・クローネ（2019年2月：日本円で約1,778万円相当）を超える財産に対して，国が0.15％，地方が0.7％の税率で課税する。

2013年における富裕税の国税税収比で1.13％，地方税収比で5.46％，富裕税納税義務者数は成人人口比で16.5％である[38]。

ハ　スイス

スイスは26の州に分かれており，連邦を含めて27の税制がある。以下では，相続税・贈与税，一括税，そして富裕税の順序で検討を行う。

(イ) 各州の相続税と贈与税[39]

相続税・贈与税関連で特徴のある税制の州は，下記のとおりである。

① ヴォー（Vaud）州とグラウビュンデン（Graubunden）州は，州と市町村で相続税と贈与税を分割している。

② シュビーツ（Schwyz）州（州都ローザンヌ）は，相続税と贈与税は非課税。

③ ルツェルン（Luzern）州は贈与税の課税なし。死亡又は贈与前5年前の移転を除く。

④ グラウビュンデン（Graubunden）州とゾロトゥルン（Solothun）州は相続税が市町村税と統合されている。

(ロ) 納税義務者

　相続人等が納税義務者である。贈与税も原則，受贈者課税である。また，州内に被相続人或いは贈与者の住所がある場合に相続税或いは贈与税が課税となる。

(ハ) 税　率

　最高税率は50％である。

(ニ) 免　税

　ほとんどの州が，配偶者と子供に対する相続税と贈与税を免税としているが，アッペンツェル州，ヌーシャテル州，ヴォー州は，子供に対する相続税と贈与税は課税である。

(ホ) スイスの一括税

　スイスには，富裕層に対する優遇税制として一括税がある。この税を申請できる者は，初めてスイスに来た外国人或いは10年以上スイスを離れていて戻ってきた外国人で，スイス国内で所得を得ていない外国人が対象となる。

　この税は，当該外国人のスイス国外で取得した所得等を課税標準とせず，スイスにおける生活費等（所有不動産等の年間賃貸価値の所定の倍数以上）に基づいて課税することから，通常のスイス居住者として，国外源泉所得も含めて課税を受ける場合と比較すると税負担が軽減され，毎年所定の金額を納付すれば，それで納税義務を果たしたことになるため，富裕層にとってはこの制度は優遇税制である。

　しかし，最近は，各州において一括税廃止の動きがあり，スイス在住の富裕層が国外に移住を始めている。スイスは出国税がないことから，富裕層の移転自体に問題はないが，どの国が国外移転した富裕層の受け皿となるのかが注目されているのである。スイスは，金融機関が米国の米国人預金者に関する情報開示に応じる等，富裕層から見れば，スイスの価値が下落傾向にあり，スイス国外から流出した富裕層の動向が注目される。

(ヘ) 富裕税

　スイスは，上述のように，連邦レベルではなく州税として各州が特徴ある課税を行っているのであるが，全州で富裕税の課税が行われている。2013年の富裕税税収は，税収比で3.27％，州及び市町村の税収比は8.21％と他国と

の比較で，スイスの富裕税の税収比が高い[40]。

二　富裕税廃止の理由
前出の山口氏は[41]，次の2点を廃止の理由として掲げている。
① 資産の国外逃避
② 課税の費用対効果

資産の国外逃避が，アイルランドとオランダにおける富裕税廃止の最大の理由であり，スウェーデンでは，スイス或いはルクセンブルクに資産が逃避したことで，同国は富裕税を廃止している。

これは富裕税に限ったことではなく，2012年5月に発足したフランスのオランド政権は，2013年以降，所得税の最高税率を40％から75％に引き上げる案を示した。これに反発したフランスの富裕層は，隣国のベルギー等へ移住する者が増加したことが報道された。また，これらの移住は，パリの不動産売却という動きにもなったのである。この点は，国外移転が難しい日本と容易な欧州の地理的な環境といえる。

上記②の理由は，日本の富裕税廃止の理由の1つであったのであるが，富裕税の税収への貢献度が低い割に執行に費用がかかるのは欧州でも共通である。

ホ　富裕税導入再燃の背景
上記二に掲げた理由により廃止された富裕税について，導入の動きがあるというのが山口氏の分析である。
① 財政赤字削減の財源としての富裕税の導入
② 資産・所得分配格差に対する一般国民の不満の増大

上記①については，富裕税が所得税の補完税であることから，多くの税収を望めないことはすでに述べたとおりである。

また，上記②についても，財産に対する課税という意味では，資産・所得分配格差の是正に貢献することは明らかであるが，富裕税と譲渡所得課税との関連，富裕税と固定資産税の二重課税問題等，理論的側面においても問題があるのである。

14　日本における富裕税導入に対する課題

　日本においては，シャウプ税制により導入した富裕税の導入と3年で廃止した経緯から，富裕税再導入には消極的な意見が多い[42]。
　しかし，先に掲げた富裕税廃止の2つの理由である，①資産の国外逃避，②課税の費用対効果について，日本は，前者について，調書制度の整備，相続税制の強化，租税条約等に基づく情報交換制度の拡充等から，資産の国外逃避という手段の利用範囲が狭くなっていること，後者については，今後，マイナンバー制度の適用拡大等により執行上の費用が減少することが期待できること等から，富裕税を取り巻く環境が大きく変化していることを考慮すべきである。
　日本に富裕税が導入される状況として，消費税の税率引き上げに絡んで，富裕層への課税強化を政策的に政治が利用する可能性があるという推測である。

◆注
1) ①「行政手続における特定の個人を識別するための番号の利用等に関する法律」（平成25年法律第27号）
　　②「行政手続における特定の個人を識別するための番号の利用等に関する法律の施行に伴う関係法律の整備等に関する法律」（平成25年法律第28号）
　　③　地方公共団体情報システム機構法（平成25年法律第29号）
　　④　内閣法等の一部を改正する法律（平成25年法律第22号）
2) https://www.nri.com/jp/news/newsrelease/lst/2018/cc/1218_1（2019年2月10日アクセス）。
3) www.credit-suisse.com/.../2018-10-29-global-wealth-re...（2019年2月10日アクセス）
4) www.nta.go.jp/information/release/pdf/3012_01.pdf（2019年2月10日アクセス）
5) 2009年2月15日読売新聞。
6) タンス預金は，2010年，第一生命経済研究所・熊野英生首席エコノミストによる推計，高齢者の保有金融資産は，総務省「家計調査」，日銀「資金循環統計」よりの試算である。さらに，交換されない旧一万円札が約14兆円ある。
7) 米国において遺産税を永久に廃止するためには，上院議員60名の賛成が必要であるが，2017年当時，与党共和党の議員数は51名である。結果として，恒久的廃止が難しいときは，2001年に改正法を成立させたブッシュ大統領（共和党）が行った遺産税の廃止と同様に，税率の引下げと控除額を増加させて10年後に1年限りで廃止するというサンセット方式を

採用することになる。このブッシュ大統領の減税法案では，遺産税と世代飛越税の廃止が目論まれたが，遺産税等の恒久的廃止は見送られ，同法の適用後，控除額の引上げと税率の引下げを行いつつ，2010年に遺産税等が1年だけ廃止されることになったのである。

　遺産税の課税がない2010年には大統領がオバマに代わっていた。オバマ大統領は，2010年12月17日に，2001年法の改正法が成立した結果，2010年1月1日まで改正法が遡及して適用されて遺産税課税となり，2001年法の規定した2010年に遺産税課税なしという事態は回避されたのである。米国の市民及び居住者に対する遺産税は，2012年12月31日後，最高税率40％で，基礎控除額500万ドルとなり，2015年は543万ドル，2016年が545万ドルの控除額である。この控除額は円換算で約6億円弱となり，日本と比較しても課税が免除となる範囲が広いといえる。

8）　泉美之松『税についての基礎知識　二訂版』税務経理協会，1973年，360頁。
9）　同上，360頁。
10）　同上，360頁。
11）　金子宏『租税法　第18版』弘文堂，2013年，57頁。
12）　資産再評価法（昭和25年法律第110号）の第36条から44条までに再評価税が規定され，同法第44条に6％の税率が規定されている。解説は，福田幸弘監修『シャウプの税制勧告』霞出版社，1985年，154頁。
13）　武田昌輔『資産再評価と税務』1954年，税務経理協会，2頁。
14）　同上，6頁。
15）　金子宏，前掲書，57頁。
16）　井上一郎「臨時財産税創設に関する日本税務協会の建議書について」『税務大学校論叢』18号（1987年），405-406頁。
17）　この前尾氏の発言は，平田敬一郎，忠佐市，泉美之松『昭和税制の回顧と展望』（上）大蔵財務協会，1979年，173頁に記載がある。前尾氏は，ここで「財産税，売上税については，ドイツ式の考え方で，一応昭和11年ごろから案でできていたから」と発言しているが，この発言は，この昭和11年には，広田弘毅内閣の大蔵大臣であった馬場鍈一氏が財産税と売上税を創設する案を作成したことに由来している。この増税案は昭和12年に廃案となっているが，この案が第2次大戦後の増税に際して再浮上したものと思われる。なお，馬場蔵相の税制案については，大蔵省官房企画課・大蔵省『戦後税制回顧録　復刻版』財団法人租税資料館設立15周年記念出版に当時の実務担当者であった松隈秀雄氏の口述（同書126-130頁）に詳しく当時の事情が語られている。前尾氏が主張した売上税は，売上に10％の税率を課すもので戦後の取引高税の前身である。
18）　井上一郎，前掲論文，406頁。
19）　大蔵省財政史室『昭和財政史―終戦から講話まで―』第7巻租税(1)，東洋経済新報社，1977年，70頁。
20）　金融緊急措置令公布日：昭和21年（1946年）2月17日，施行日：昭和21年2月17日，廃止日：昭和38年（1963年）7月22日（昭和38年法律第159号）。

21) 大蔵省財政史室，前掲書，109-114頁。また，財産税の要綱ではなく，1945年12月30日に法案の形で提出したという渡邊喜久造氏の記述になる法案については，井上一郎「財産税法案，法人戦時利得税法案，個人財産増加税法案」『税務大学校論叢』18号（1987年）。
22) 井上一郎，同上，530頁。
23) 同上，534頁。
24) 渡邊喜久造『財産税法逐条解説』大蔵財務協会，1947年，1頁。なお，渡邊氏の著書以外の財産法の解説としては，篠川正次述『解り易い　新令　財産税法の解説』金文堂出版部，1946年がある。
25) 篠川，同上，9-10頁。申告納税制度導入の背景として，大蔵財務協会『昭和税制の回顧と展望』（上・下巻）下巻128頁〜129頁に，つぎのような口述がある。
「所得税や法人税について申告納税制度が導入された契機となったのは，憲法の施行後にGHQの命令で脱税犯を処罰することを目的にしたものであった。申告納税制度が導入された昭和22年（1947年）のあと，東京国税局では昭和24年（1949年）分から，他の局では昭和25年（1950年）分から，「お知らせ」といわれる方式がとられ，税務署が「課税見込額をあらかじめ通知した。わが方の調査によりますと，大体これぐらいになります，……本人を呼び出して通知する」（村山達雄元主税局長談，「回顧と展望」下，220頁）という課税方式がとられた。これは，それまで，大量の更正決定で不服申立てがなされ，税務署の事務負担が大変だったことが主な原因だったようである。この「お知らせ」方式になってから更正決定が70%から一挙に5%以下に減った（村山談，同前）といわれている。したがって，最初から目標額がきめられていて，それに基づいて不足すれば更正決定を乱発するという，賦課課税制度と変わらない徴税行政が続いていたことになる。したがって，申告納税制度が法定されたからといって，それが，当初から憲法の国民主権主義を税制面で支えるというようなものでなかったことは明らかである。
26) この税は，軍需会社の損失の補償に対する補償の未払い分について，GHQの方針等により，1946年に戦時補償特別措置法を制定し，補償と同額を課税することにより実質的に戦時補償打切りの措置をとったものである。したがって，財産税の代替ということではないが，税負担の関係から法人が除外されたのである。しかし，現代的視点から見ると，仮に，法人を財産税の納税義務者から除外したことで，財産税の課税を逃れるために個人の法人成りという現象が起きなかったのかという懸念があるが，法人には，戦時補償税が課されたことでその懸念は払拭されているものと思われる。
27) 大浦一郎「富裕税に関する一考察」『明治学院論叢　経済研究』261号，1978年3月。これ以外に富裕税に関する理論的な検討をした文献としては，古田精司「ヨーロッパの富裕税：その理論と実際」『三田学会雑誌』71巻4号，1978年8月があり，富裕税全般の分析としては，梅田高樹「富裕税の創設とその終末」『税務大学校論叢』15号，1982年，石倉文雄「富裕税創設の是非と効果」水野正一編著『21世紀を支える税制の論理　第5巻　資産課税の理論と課題［改訂版］』2005年，第11章，がある。最近の欧州における動向に

ついては，山口和之「富裕税をめぐる欧州の動向」『レファレンス』2015年5月号があり，再導入論を主張するものとしては，菊谷正人「「富裕税法」再導入論」『経営志林』第53巻2号，2016年7月等がある。

28) 古田精司，前掲論文。
29) 石倉文雄，前掲論文，260-261頁。
30) 1950年から1952年までの富裕税の執行に関しては，梅田高樹，前掲論文が詳しい。
31) OECD, Taxation of net wealth capital transfers and capital gains of individuals, 1988. この1988年版の前は1979年版であり，1988年版は1979年版をアップデートしたものである。2018年4月には，最新版であるOECD, The Role and Design of Net Wealth Taxes in the OECDが出版されている。
32) OECD設立当初からの加盟国は，オーストリア，ベルギー，カナダ，デンマーク，フランス，西ドイツ，ギリシャ，アイスランド，アイルランド，イタリア，ルクセンブルク，オランダ，ノルウェー，ポルトガル，スペイン，スウェーデン，スイス，トルコ，英国，米国である。1964年4月28日に日本，1969年にフィンランド，1971年にオーストラリア，1973年にニュージーランド，がそれぞれ加盟している。
33) 1986年4月1日現在のOECD加盟国のうち富裕税を施行していない国は，オーストラリア，ベルギー，カナダ，ギリシャ，アイルランド，イタリア，日本，ニュージーランド，ポルトガル，トルコ，英国，米国，である。なお，2015年現在の富裕税施行国は章末（資料）参照のこと。
34) 山口和之，前掲論文。
35) フランスは，2011年にサルコジ大統領が課税最低限の引き上げと税率区分の簡素化を行ったが，2012年オランド大統領の見直しにより2013年以降のISFの税率は0.5％から1.5％への累進税率である（同上，6-7頁）。
36) IFIでは，有価証券，現金等は課税対象から除かれている。https://www.french-property.com/guides/france/finance-taxation/taxation/wealth-tax/（2018年3月24日アクセス）。
37) 2013年のISFの税収比率は0.46％，申告数は312,406件で，所得税申告者の0.85％である（山口和之，前掲論文，8頁）。
38) 同上，11頁。
39) E&Y, 2017 Worldwide Estate and Inheritance Tax Guide.
40) 山口和之，前掲論文，13頁。
41) 同上，17-19頁。
42) 1961年の政府税制調査会答申と同時期の税制研究会報告（渡邊喜久造「富裕税・相続税・その他」日本租税研究協会編『税制改正の基本方針』所収）。

（資料）各国の富裕税の導入状況

1　存続している国

国　名	存続期間等
イタリア	2012年にイタリア居住者が国外に所有する不動産に課す富裕税（IVIE）と国外にある金融投資資産に課す富裕税（IVAFE）を創設
ウルグアイ（南米）	1964年（以降継続），2015年の課税最低限約1,200万円相当
オランダ	富裕税は1892-2001年まで。その後，貯蓄と投資から生じる所得：銀行口座の預金残高，投資目的不動産，ボックス2所得以外の株式保有等を対象とし，その年間平均純資産額の4％を課税所得とみなして課税される。2,800ユーロを超える負債の控除及び最低20,014ユーロの基礎控除が認められている。税率は30％の固定税率が適用される。（石崎靖浩「海外情報　オランダの税務行政と税制の概要」『税大ジャーナル』15号，171頁）
コロンビア（南米）	1934年（以降継続）
スイス	13世紀（以降継続）州税として課税。税率は州により異なる。
スペイン	1978-2008年，201-2017年，州税として課税
ノルウェー	1882年（以降継続）
フランス	1982-1987年，1989年（以降継続）富裕税（略称：ISF）
ルクセンブルク	1913-2006年，2016年から内国法人，外国法人に富裕税課税

2　廃止した国

国　名	存続期間	国　名	存続期間
アイスランド	1981-2006　2010-2014	デンマーク	1903-1995
アイルランド	1975-1977	ドイツ	1923-1997
インド	1957-2015	バングラデシュ	1963-1999
オーストリア	1923-2000	パキスタン	1963-2003
スウェーデン	1910-2007	フィンランド	1920-2006
スリランカ	1958-1992		

（山口和之「富裕税をめぐる欧州の動向」『レファレンス』2015年5月号，6頁を基本に一部修正）

第3章

企業会計論前史

1 本章の対象となる時期

　本論は，第2次世界大戦後から現代の時期までを主として対象としていることから，明治期から戦前の動向は，本論の前史に当たる。日本の法人税制は，第2次世界大戦を境に大きく変わったのではなく，1947年に申告納税制度導入で変わり，さらに，1965年の法人税法全文改正等で改正されたのである。

　本章は，所得税創設から第2次世界大戦終戦までを時代区分として第1章において第1期として掲げたものである。

2 第1期において検討対象となる事項

　1887年に日本に所得税が創設され（以下「創設所得税法」という），その12年後の1899年に創設所得税法のうちの第一種所得税として法人課税が創設された（以下「創設法人税」という）。

　この創設法人税に関しては，次のような事項が検討対象となる。
① 創設所得税法と創設法人税の関連
② 法人税の導入が遅れた理由
③ 所得税法（明治32年2月10日法律第17号）第4条第1項に規定のある「第一種ノ所得ハ各事業年度総益金ヨリ同年度総損金前年度繰越金及ビ保険責

任準備金ヲ控除シタルモノニ依ル（以下略）」にある，総益金と総損金はどこに由来する概念なのか。この所得を構成する2つの概念は，その後1965年の法人税全文改正まで継続して適用されたからである。
④　法人税創設時の会社実務に影響を及ぼす法制は，商法ということになるが，当時の商法の税法への影響はあるのか。

3　創設所得税法と創設法人税の関連

創設所得税法に関する論稿は多い[1]。本書は，法人課税と企業会計の関係を焦点に検討することであることから，創設所得税法の概要を最初にまとめることとする[2]。
①　納税主体は個人である。法人に対する課税はない。
②　総合課税方式で，同居家族の所得は戸主の所得に合算する。
③　300円以上の総合所得に対して1〜3％までの5段階で全額累進税率が適用となる。
④　俸給，年金，恩給，公社債利子，株式配当金は全額が個人の所得となる。
⑤　営業所得の場合は，総収入から必要経費を差し引いて所得とするが，前3年の所得の平均額を当年度の予測所得として申告する。
⑥　所得税の納税義務者から選出された所得税調査委員は，提出された申告額について調査し決議する。
⑦　⑥に基づいて郡区長は，税額を決定し納税義務者に通知する。納期は9月と3月である。
法人課税については，創設所得税法導入時に検討されたことは明らかである。

4　法人税の導入が遅れた理由

創設所得税法では，個人の所得のみが課税になり，法人所得への課税は1899年以降である。そのようになった理由は，法人を個人の集合体と考え，法人の

利益がいずれ個人株主に帰属するとして法人に課税せず個人段階で課税することを方針としたからであるが，個人所得からの配当金の脱漏が多くあったことから，1899年に所得税法の改正が行われ，所得税法の一部に法人課税を規定したのである[3]。

1899年改正の所得税法では，法人所得を第一種（税率2.5％），公社債利子を第二種（税率２％），その他の個人所得を第三種（税率１％から5.5％の累進税率）にそれぞれ区分して課税することになったのであるが，法人利益については，すでに述べたように，当該改正前では個人段階の課税としていたが，課税漏れも多かったことから，法人段階の課税に切り替えたのである。

しかし，個人の配当課税の代替措置として法人所得の課税を行うと，個人株主の所得の大小にかかわらず配当に係る税額は一律になることから，1920年の改正により，配当を個人所得として総合課税するに至ったのである[4]。

その結果，個人の所有する株式を出資して，これを管理する「保全会社」の設立が増加し，他の法人からの配当は，保全会社の所得となるという租税回避が行われたのである。これについて，矢部氏は，所得の総合課税を免れんがため同族会社を通じて種々なる合法的手段により，負担の軽減を図らんとする者が漸次多くなって到底これを放置することができなくなり，1923年の改正に至ったと述べている[5]。

結果として，同族会社とその出資者又は親族等の特殊関係者との間における行為により所得税逋脱の目的があると認められた場合，税務官庁は，所得審査会の決議を経た後に[6]，その行為を否認して所得金額を再計算することになったのである。

5　創設法人税はどの国の法人税の影響を受けたのか

創設所得税法がどの国の所得税法を継受したのかということについて，創設所得税法が1887年導入，創設法人税が1899年創設であることから，19世紀末の西欧各国，特に，英米仏独（当時プロシャ）の４か国の当時の所得税法或いは法人課税についての比較法的視点が必要である。

米国の場合は，1861年から1872年までの間，個人を対象とした所得税が南北戦争の戦費調達を目的に導入され，1884年に法人税法法案が検討されたが，違憲判決の影響で廃案となり，1909年の間接税である法人免許税の創設があり，これを引き継ぐ形で1913年に法人税を含む所得税法が制定されている。したがって，日本の所得税・法人税と時期が合わず，米国の影響はないものと思われる[7]。

プロシャの個人の所得に対する税制は，1851年に創設され，1873年に改正されている[8]。

この1851年法（プロシャ財産等級税）が，明治政府の法律顧問であったルードルフ（Carl Rudolph）によって1884年に提出された「収入税法律案」のモデルであった[9]。

プロシャにおける法人所得税は1891年となっているが，配当金を標準にして調整する特殊な形態である[10]。なお，日本の商法が創設時よりドイツ商法の影響を受けていたことについては，次項で述べることとする。

フランスは所得税が創設されたのは，1914年であり，日本への影響は少ないものと思われる[11]。

英国は，19世紀中の1844年の登記法，1856年及び1862年に会社法が成立している[12]。法人税という名称で所得税から分離独立するのは1965年であり，それ以前は，所得税のシェジュールDとして処理されていた。日本の創設所得税及び創設法人税の時期については，英国では1842年制定のピール（Robert Peel）の所得税法である。この当時の利益計算は，前3年の平均金額により算定されていたが，減価償却はすでに会計実務として行われており，法定化されたのは1878年法第12条である[13]。この3年間の利益の平均額を課税標準とする方式は，1920年創設の法人利益税まで継続して適用されたのである[14]。

以上のことから，日本の創設法人税に関しては，特定の国からの法の継受というよりも，当時の商法等の影響があったと考えるべきであろう[15]。

6 商法の影響

　商法については，第1章の年表において1890年成立の旧商法と1899年成立の新商法があることは明記したとおりである。この税法と独英を含めた商法の関係を抜き出して再掲すると以下のようになり，税法と商法の成立が同時期であることが分かる[16]。

1861（文久1）	普通ドイツ商法第1条に財産目録及び貸借対照表作成が規定[17]
1862（文久2）	英国の近代会社法成立
1887（明20）	所得税創設
1890（明23）	旧商法成立（日本で最初の法律学上の企業会計規定を設置）
1899（明32）	新商法成立
	所得税法改正（第一種所得税として法人課税創設）

（1）旧商法と新商法における「計算書」

　上記の年表に掲げた旧商法第218条では，「会社ハ毎年少ナクトモ1回計算ヲ閉鎖シ計算書，財産目録，貸借対照表，事業報告書，利息又ハ配当金ノ分配案を作リ（以下略）」とあり，また，新商法第190条では，取締役は定時総会の1週間前に監査役に提出する書類として次のものが規定されている[18]。

① 財産目録
② 貸借対照表
③ 営業報告書
④ 損益計算書
⑤ 準備金及び利益又は利息の配当に関する議案

（2）正規の簿記の諸原則概念

　日本の商法はすでに述べたようにドイツ商法の影響を強く受けたにもかかわらず，ドイツ商法の中心概念である「正規の簿記の諸原則」概念を採用しなかった。「正規の簿記の諸原則」は，公正なる会計慣行という不確定概念である[19]。

(3) 英国会社法の動向

　日本の商法がドイツ商法の影響を受けたことは通説といえるが，以下は，同時期の英国商法の会計規定等の沿革をまとめたものである。

1720年	泡沫会社規制法（Bubble Act）の成立
1844年	「登記法（An Act for the Registration, Incorporation, and Regulation of Joint Stock Companies）」（7 & 8 Vict. c,110）（以下「1844年登記法」という）の成立。この法律により英国では準則主義に移行したのである[20]。
1855年	「有限責任法（An Act for Limiting the Liability of Members of certain Joint Stock companies）」（18 & 19 Vict. c, 133）（以下「1855年有限責任法」という）により初めて社員の有限責任が認められた[21]。
1856年	「会社法（An Act for the Incorporation and Regulation of Joint Stock Companies and other Associations）」（19 & 20 Vict. c.47）（以下「1856年会社法」という）は，1844年登記法及び1855年有限責任法を廃止し，これに代えて制定された[22]。
1862年	「会社法（An Act for the Incorporation, Regulation and Winding-up of Trading Companies and other Associations）」（25 & 26 Vict. c.89）（以下「1862年会社法」という）は，英国の近代会社法成立といえる[23]。
1908年	「会社総括法（Companies Consolidation Act）」（1908 c.69）は，1862年法制定後の改正等を総括統合した[24]。

イ　1844年登記法における会計関連規定

　同法第34条には会計帳簿（Account Books）の規定，同第35条には帳簿の締切及び貸借対照表の検査についての規定，同第36条には取締役の貸借対照表の作成義務に係る規定がある。また，同第38条以下は監査人に関する規定である。なお，第36条に規定のある貸借対照表については，完全かつ公正な（full and fair）な貸借対照表を作成すると規定されている。しかし，同法末に同法条文に係る細則が添付されているが，会計関連に関するものは見当たらない。

ロ　1856年会社法

　1844年登記法とは異なり，この法律では，法律の表Bに貸借対照表の様式が

添付されている。この貸借対照表は，日本において使用されているものとは貸借が逆の英国式である。表Bの貸借対照表における資産項目は，会社所有の財産（不動産及び動産），債券，現金及び投資であり，負債・資本項目は，資本金，債務，積立金及び配当原資となる損益から構成されている。

1844年登記法とは異なり，1856年会社法には，最後に規則があるが，これについては，次の1862年会社法において述べることとする。

八　1862年会社法

この法律は，1844年登記法，1855年有限責任法，1856年会社法等を含む既に制定された17の会社法関連法規を総括したものであり，その一覧表は，同法の第3シェジュールに掲げられている。

そして，1856年会社法と同様に，1862年会社法の第1シェジュール・テーブルAの72から77までが配当に係る規則，78から82までが会計帳簿等に係る規則，83から94までが監査に係る規則である。また，様式として添付されている貸借対照表は，1856年会社法と同じものである。以下では，配当と会計帳簿等に係る規則の内容について述べる。

(イ)　配　当

配当についての主たる規則は，次のとおりである。なお，文末の数字は，1862年会社法の第1シェジュール・テーブルAにある規則の番号である。

① 取締役は，株主総会の承認を得てその持株数に応じて株主に対する配当を宣言することができる (72)。

② 配当は会社の事業から生じた利益 (Profits) 以外から支払うことはできない (73)。

③ 取締役は，配当宣言をする前に，偶発事象への対応，配当の平均化，会社の事業に関連する設備の維持管理等のために，利益を留保することができる (74)。

④ 取締役は，株主の会社への支払うべき金額と配当を相殺できる (75)。

(ロ)　会計帳簿等

会計帳簿についての主たる規定は，次のとおりである。なお，文末の数字は，1862年会社法の第1シェジュール・テーブルAにある規則の番号である。

① 取締役は,会社の商品在庫,現金収支の金額と摘要,会社の債権債務について,真実の会計帳簿を記帳すること。会計帳簿は本店に保管し,株主が閲覧できるようにすること (78) [25]。

② 取締役は,株主総会3月前までに,前年度の損益計算書 (Statement of the Income and Expenditure) を1年に少なくとも1回作成し,株主総会に提出しなければならない (79)。

③ 損益計算書の模範的な様式はないが,発生源泉別に区別した総収入金額 (the Amount of Gross Income),設備,人件費及びその他の事項に関する費用を区分して総費用の金額を表示し,年次の収入と対応する全ての費用項目は勘定記入され,株主総会に損益の残高が示される。数年にわたり支出すべき費用が,いずれかの年度において支出されている場合,その処理を行った理由を付記する必要がある (80)。

④ 貸借対照表は,毎年作成され株主総会に提出される。貸借対照表に含まれるものは,会社の財産と債務の要約であり,その様式は,第1シェジュール・テーブルAに添付されている (81)。

二 小 括

株式会社の使命は,株主からの出資金を活用して営利活動を行い,その活動の結果生じた利益を株主に配当することである。このことは,特に論証する必要もなく,また,ドイツ,英国における商法或いは会社法に相違が生じる事項でもない。

日本の新商法の規定に,損益計算書が明記されていたことはすでに述べているが,普通ドイツ商法の1870年改正法には損益計算書を意味する年次計算書が規定されている[26]。

ドイツ商法に関する具体的な計算方法に関する資料は見当たらなかったが,英国の1962年会社法では,発生源泉別に区別した総収入金額 (the Amount of Gross Income),設備,人件費及びその他の事項に関する費用を区分して総費用の金額を表示し,年次の収入と対応する全ての費用項目は勘定記入され,株主総会に損益の残高が示される,としている。

翻って,19世紀末ごろの日本における会計事情は,簿記書が多く出版されて

いたが，会計学として理論化されるのには少し時間を要する状況といえよう。

7　総益金，総損金の由来

　所得税法（明治32年2月10日法律第17号）第4条第1項に規定のある「第一種ノ所得ハ各事業年度総益金ヨリ同年度総損金前年度繰越金及ビ保険責任準備金ヲ控除シタルモノニ依ル（以下略）」にある，総益金と総損金はどこに由来するのか，という点であるが，次の2つのことが想定できる。
　① 新商法により作成が義務付けられた損益計算書の作成方法に基因したもの。この場合，新商法との関連は推定できるのか。
　② 英国の1862年会社法にあるthe Amount of Gross Incomeが「総益金」，総費用が「総損金」としたもの。新商法がドイツ商法の影響下にあったからとはいえ，税法が必ずしも同様にドイツ商法等の影響下にあったとはいえないのではないか。例えば，1871年に翻訳出版された何礼之訳『英国賦税要覧』(Baxter, R. Dudley. The Taxation of the United Kingdom. London, Macmillan, 1869.) のように，当時の日本は，外国文献を広く収集して翻訳していたのである。
　これについて明確に述べているのが，吉国二郎氏の著書の記述である[27]。
　創設法人税では，所得計算は総益金から総損金，前年度繰越金及び保険責任準備金を控除して計算するが，法人から税務当局に提出するのは損益計算書であり，総益金と総損金の概念は，損益計算書の利益と損失に照応している。その理由としては，大蔵大臣内訓第1条に所得計算に前年度繰越金を控除する，としていることから総益金と総損金は独自の解釈ではないと説明している。
　そして，1927年に通達された主秘第1号では，「総益金とは，資本の払込以外において，純資産増加の原因となる一切の事実を指すもの（以下略）」といい，「法人の資産評価による増減差額はこれを総益金又は総損金に算入するものとす」といっている。
　以上のことから，上記に掲げた2つの推論のうちの①について，新商法➡損益計算書の作成➡総益金及び総損金の用語の確立，という図式が見えるのであ

る。

　この吉国氏の説明を踏まえると，次の1950年に通達の由来が明らかになるのである。

　総益金及び総損金に係る規定は，1950年9月制定の法人税基本通達（直法1-100）で次のように規定された。

> 137　総益金とは，法令により別段の定めのあるものの外資本の払込以外において，純資産増加の原因となるべき一切の事実をいう。

　また，総損金は次のように規定された。

> 138　総損金とは，法令により別段の定めのあるものの外資本の払戻又は利益の処分以外において純資産減少の原因となるべき一切の事実をいう。

8　総益金，総損金に基づく所得計算

　1899（明治32）年の法案段階では，当初案（第12回議会）第5条第1項第1号では，「前条第一種ノ所得ハ各事業年度総益金ヨリ同年度総損金及法律ニ依リ積立ツヘキ準備金最少額ヲ控除シタルモノノ前三箇年平均ニ依ル」であり，これが第13回議会で法律となったのである[28]。

　創設法人税は，賦課課税制度であったことから，1899年所得税法第9条では，法人所得金額は，損益計算書を調査し政府がこれを決定する，と定めている。

　問題は，総益金及び総損金の内容は解釈に委ねられていたのである。

(1) 片岡氏の説明

　大蔵省の職員であった片岡政一氏が出版した『税務會計』[29]では，次のように説明している。

　総益金とは，その事業年度の一切の利益──詳しくいえば資本の払込以外にお

いて会社の純資産の増加を来すべき原因となる一切の事実である。また，総損金とは，その反対にその事業年度の一切の損失—正確にいえば資本の払戻及びその事業年度の利益金の処分により乃至は既往の積立金の減額によりて為す配当金又は利益割賦の賞与金の支出以外において会社の純資産の減少を来すべき原因となる一切の事実をいう，と説明している。

したがって，各会社の損益計算書が税法の定める計算方法で作成されていれば，その事業年度の純益金は直ちに総普通所得金額となるのであるが，総益金及び総損金の概念が不確定であることから会社の計算と税務署の計算との間に不一致となる。

この片岡氏の説明は，総益金及び総損金について，純資産の増減となる一切の事実としていることである。これは，前述の1927年に通達された主秘第1号にある記述を踏襲したものである。

(2) 1950年度における説明

総益金及び総損金の概念は，1950年度のシャウプ勧告に基づく税制改正（以下「シャウプ税制」という）においても改正されていない。

シャウプ税制における各事業年度の所得については，次のように説明が行われている[30]。

すなわち，総益金とは，資本の払込以外の純資産の増加の原因となる一切の事実であり，具体的には，商品の販売収入，手数料の収入以外にも，資産の評価益等計算上の利益も算入される。総損金とは，資本の払戻と利益の分配以外で純資産減少の原因となる一切の事実である。

何が総益金或いは総損金であるのかは，基本的に会計原則に従うが，法人税法は，課税の公平と負担の適正化を図るため，以下に掲げる特別の規定を設けている。

① 法人税の損金不算入
② 罰金又は科料の損金不算入
③ 寄附金の損金算入限度額
④ 前5年以内の青色申告繰越欠損金の繰越控除
⑤ 額面超過金及び減資益は益金不算入

⑥ 受取配当の益金不算入
⑦ 所定の保険差益,資本的支出に充てるため交付された国庫補助金の益金不算入
⑧ 所定の貸倒準備金の損金算入

(3)「純資産の増減となる一切の事実」の意義

　上記の片岡氏の著書と,シャウプ税制の間には約20年の年月が経過しているが,シャウプ税制の解説は,申告調整項目について述べているのみで,総益金と総損金の本質については,両者共に,「純資産の増減となる一切の事実」という共通する説明のみである。

　このことから明らかなように,1950年の法人税基本通達の規定(純資産の増減となる一切の事実)は,すでに約20年前から大蔵省における解釈では,国税関係者の間で共有されていたことになる。

　ここで商法との関係を整理すると,商法は,債権者保護の原則と共に,株主への配当金の分配のための原資である利益計算が必要である。

　税法上の所得概念として,「純資産増加説」[31]があるが,前出の片岡氏による法人所得についての「純資産の増減となる一切の事実」という解釈は,欧米においてすでに提唱されていた「純資産増加説」を参考にしたものであるのか,或いは,商法における計算規定をベースにした財産の増減という意味であるのかが不明である。

　「純資産増加説」の提唱者であるシャンツ氏(Georg von Schanz)がその説を公表したのが1896年であることから,創設法人税が制定された1899年に「純資産増加説」に基づいて立法が行われたと説明するのは無理がある。また,片岡氏が著書を上梓した1931年には,すでに米国のヘイグ氏も「純資産増加説」を提唱していたが,創設法人税の条文解釈として,後年の理論を引用するというのは矛盾することから,この推論も成り立たない。

　以下はこれまでの資料に基づく筆者の推論である。

　創設法人税導入時,一定の規模以上の法人では複式簿記が広く普及していたことは事実である。新商法が,取締役に,財産目録,貸借対照表及び損益計算書等の監査役への提出を義務付けたことで当時の会計実務の水準を推し量るこ

とができる。

　創設法人税は，当時の会計実務（一定の水準の複式簿記），商法の規制等をベースに，税法独自の所得計算の余地を残すために，総益金及び総損金という不確定概念により所得金額の計算を定めたもので，結果的に，この規定が，「純資産増加説」の内容と一致したという理解である。したがって，1965年の全文改正前の法人税における所得概念が「純資産増加説」に基づいているという解釈は，後知恵的なものといえよう。

　昭和27年に公表された「税法と企業会計原則との調整に関する意見書」に関する説明において，当時の法人税取扱通達の第2章第1の51及び52に規定のある純資産増加説と併せて，権利確定主義とシャンツの純財産増加説が税法における所得計算原則という理解が示されたことに対して，田中勝次郎氏は，損益金の定義に「純資産」の文字を使用していることをもって，シャンツの純資産増加説を根拠としている者がいるが，これは誤りであると述べている[32]。

9　創設法人税以降の分析視角

　2018年度における法人税法第22条の2の創設は多くの注目を集めた改正であるが，企業会計と税務会計（法人税の課税所得と税額計算）の関係についても，再度考える機会ではないかと思われる。その場合，1947年の改正により，所得税・法人税に申告納税制度が導入されているが，話の出発点はその辺りからということになる。

　1947年に所得税・法人税に導入された申告納税制度は，本書第2章で検討した財産税法において導入済みであった。この申告納税制度の導入と1949年のシャウプ勧告は，戦後税制史の税務会計分野とかかわりのある重要な出来事といえる。これらを経て，企業会計原則の制定等に基因した企業会計原則と商法，税法との調整意見書の問題，1965年の法人税の全文改正，1967年の法人税法第22条第4項の公正処理基準の創設等の動きを経て現在につながることになる。このような一連の出来事の最後に，法人税法第22条の2の創設があるという捉え方もできる。

◆注
1) 1887年に関連する文献等は年代順に並べると次のとおりである。
・松方正義「所得税法之義」1887年，大内兵衛・土屋喬雄校正・大蔵省編『明治前期財政経済史料集成』第一巻「松方伯財政論策集」明治文献資料刊行会，1962年。
・阿部勇『日本財政論—租税—』改造社，1933年。
・汐見三郎他『各国所得税制論』有斐閣，1934年。
・藤田武夫『近代租税制度』河出書房，1948年。
・池田浩太郎「わが国所得税制の創設」『金融経済』22号，1953年。
・池田浩太郎「わが国所得税制の創設とその社会的条件」『経済研究』6号，1956年。
・高橋誠「初期所得税制の形成と構造」『経済志林』26巻1号，1958年。
・井手文雄『要説 近代日本税制史』創造社，1959年。
・前田正治「明治税制の成立」『税法学』7号，1961年。
・高橋誠『明治財政史研究』青木書店，1964年。
・林健久『日本における租税国家の成立』東京大学出版会，1965年。
・佐藤進『近代税制成立過程』東京大学出版会，1965年。
・前田正治「明治税制の成立」『税法学』7号，1961年。
・高寺貞男『明治減価償却史の研究』未来社，1974年。
・藤井誠一「創設期所得税法の基本的性格」『経済研究』4集，1976年。
・大村巍「会計思考の発展と所得計算論争—大正年代の論争を中心として—」『税務大学校論叢』11号，1977年。
・山本洋・織井喜義「創世期の所得税制叢考」『税務大学校論叢』20号，1990年。
・井上一郎「安井・今村・鍋島による明治20年所得税法逐条解説」『税務大学校論叢』23号，1993年。
・末永英男「所得税法における所得計算構造—明治期初期所得税法を中心にして—」『近畿大学九州工学部研究報告（理工学編）』24号，1995年。
・磯部喜久雄「創設所得税法概説—明治20年の所得税法誕生物語—」『税務大学校論叢』30号，1998年。
・大間知啓輔「明治20年の所得税法の由来・先発国の所得税の背景とその継受」『熊本学園大学経済論集』8巻3・4号，2002年。
・牛米勉「明治20年所得税法導入の歴史的考察」『税務大学校論叢』56号，2007年。
2) 池田浩太郎「わが国所得税制の創設とその社会的条件」『経済研究』6号，32頁，1956年。
3) 匿名（一税務官吏）「脱税の総本山・保全会社物語」『會計』17巻6号，1925年，61頁。
4) 同上，61-65頁。財政上の問題としては，1985（明治28）年の日清戦争終戦後の軍備拡張の資金需要があったことも事実である。
5) 矢部俊雄『会社の改正所得税・営業収益税・資本利子税とその実際』文精社，1927年，

282-283頁。
6） 1923年改正所得税法73条の4。
7） 矢内一好『米国税務会計史―確定決算主義再検討の視点から―』中央大学出版部，2011年，第2章。
8） 池田浩太郎，前掲論文，36頁。佐藤進，前掲書，283-292頁。
9） 牛米勉，前掲論文，250頁。
10） 佐藤進『近代税制成立過程』東京大学出版会，1965年，341頁。
11） 汐見三郎他『各国所得税制論』有斐閣，1934年，155頁。
12） 矢内一好『英国税務会計史』中央大学出版部，2014年，58-59頁。
13） 同上，56頁。
14） 同上，112-116頁。
15） 1899年法人税導入に関して，次のような論稿がある。
・堀口和哉「明治32年の所得税法改正の立法的沿革」『税務大学校論叢』28号，1997年。
・大間知啓輔「法人所得課税の発展段階(1)」『熊本学園大学経済論集』5巻1・2号，1998年。
・大間知啓輔「法人所得課税の発展段階(2)」『熊本学園大学経済論集』7巻1・2・3・4号，2001年。
・大間知啓輔「日本の所得税源泉課税型の法人所得税(1)：1899〜1919年」『熊本学園大学経済論集』13巻1・2号，2006年。
・大間知啓輔「日本の所得税源泉課税型の法人所得税(2)：1899〜1919年」『熊本学園大学経済論集』13巻3・4号，2007年。
・大間知啓輔「日本の独立課税型の法人所得税1920〜49年(1)：高橋是清と1920年の法人所得税の改革」『熊本学園大学経済論集』15巻1・2号，2008年。
・上野隆也「企業税務所得概念としての純資産増加説―税務会計における所得概念の変遷と形成―」第21回租税資料館賞入賞，2012年。
16） この分野については，安藤英義氏による次の著書及び論稿がある。
・「商法貸借対照表規定の軟化とその要因：貸借対照表法に於ける債権者保護問題への第二歩」『一橋論叢』76巻1号，1976年。
・「初期商法に於ける貸借対照表の系譜」『一橋論叢』78巻4号，1977年。
・「財産目録と貸借対照表：初期商法に見る両者の関係」『一橋論叢』79巻3号，1978年。
・「初期商法に於ける「計算書」の系譜：損益計算書の先駆」『一橋論叢』83巻1号，1980年。
・『商法会計制度論：商法会計制度の系統的及び歴史的研究』国元書房，1985年。なお，同書の新版は1997年に白桃書房から出版されている。
17） 安藤英義「初期商法に於ける貸借対照表の系譜」『一橋論叢』78巻4号，1977年，103-104頁。

18) 安藤英義「初期商法に於ける「計算書」の系譜：損益計算書の先駆」『一橋論叢』83巻1号，1980年，42頁。
19) 千葉準一「商法計算規定の形成」『経済志林』77巻1号，2009年6月，111頁。
20) The statutes of the United Kingdom of Great Britain and Ireland, 7&8 VICTORIA, 1844. pp.807-844，大隅健一郎『新版　株式会社法変遷論』有斐閣，1987年，82頁。
21) The statutes of the United Kingdom of Great Britain and Ireland, 18&19 VICTORIA, 1854-55. pp.820-825．大隅同上，83頁。
22) The statutes of the United Kingdom of Great Britain and Ireland, 19&20 VICTORIA, 1856. pp.170-215．大隅同上，85頁。
23) The statutes of the United Kingdom of Great Britain and Ireland, 25&26 VICTORIA, 1862. pp.434-515．大隅同上，87頁。
24) 同上，87頁。1982年以降1908年までの間，会社法（Companies Act）というタイトルの法律としては，次のものがある（タイトルの異なるものは除いてある）。①1867年法，②1877年法，③1879年法，④1880年法，⑤1886年法，⑥1907年法，である。
25) 1856年会社法テーブルBの69では，当該各勘定は，複式簿記の諸原則により，現金出納長，仕訳帳，元帳が記帳されなければならない，と規定されており，1862年会社法の規定にはこのような規定はなく，両者は相違している。
26) 安藤英義「初期商法に於ける「計算書」の系譜：損益計算書の先駆」『一橋論叢』83巻1号，1980年，50頁。
27) 吉国二郎『法人税法講義』大蔵財務協会，1954年，12-13頁。
28) 堀口和哉，前掲論文，71頁。
29) 片岡政一『税務會計』4版，森山書店，1932年，44頁。
30) 市丸吉左衛門「新法人税の概要」大蔵省他監修『新税詳解』所収，大蔵財務協会，1950年。
31) 金子宏『所得概念の研究』有斐閣，1995年，24-25頁。金子氏は，純資産増加説を包括的所得概念と表現し，その最初の提唱者であるゲオルグ・シャンツ氏は，所得を「一定期間の資産の純増」と定義した，と記述している。所得概念としては，制限的所得概念である所得源泉説と包括的所得概念である純資産増加説があり，これら以外に，市場所得説，消費型所得概念がある（吉村典久「第2章　所得税法」33-34頁，『基礎から学ぶ現代税法』財経詳報社，2017年，所収）。
32) 田中勝次郎「税法と企業会計原則との調整意見書に対する批判」『税法学』20号，1952年，18-19頁。

第4章

米英における税法と企業会計の関連

1 米国における税法と企業会計の関連

(1) 確定決算主義と申告調整主義

　日本が法人税法において採用している確定決算主義は，企業利益をベースに課税所得等を計算することから一体型といわれ，米英が採用している申告調整主義は，会計記録等に基づいて税務計算を行う点では確定決算主義と同様であるが，企業会計と税務会計は分離して行う分離型といわれている。

　税法と企業会計の関連を比較法的に検討する場合，分離型を採用している米英についてその背景にまで立ち入って検討する必要があるものと思われる。米英型の課税所得の計算については，両国の納税申告書等の記載内容からその概要は知ることができるが，では，なぜ両国がこのような方式に至ったのかという背景について説明した研究は少ないように思われる。本章は，なぜ，米英型が分離型を採用しているのかということをその沿革から分析することを主題としてものである。

(2) 米国の法人税申告書に関する2つのコメント

　日本の法人税申告書では，別表四（所得の金額の計算に関する明細書）において，確定決算に基づく企業利益に申告調整等を行って課税所得を算出することになる。

米国の法人税申告書（Form1120：U.S. Corporation Income Tax Return）は，3つのブロックに区分されている（2018年版使用）。
　第1ブロックは「Income」，第2ブロックは「Deductions」，第3ブロックは「Tax, Refundable Credits and Payments」である。米国の場合は，第1ブロックが，収入金額欄である。ただし，事業所得に関しては売上金額から売上原価を控除した売上総利益を記入して総所得（Total Income）の金額を計算する。
　第2ブロックは控除欄で，申告書12欄から25欄までは具体的な控除項目が印字されており，26欄がその他であり，これら以外に，繰越欠損金の控除欄，特別項目の控除欄がある。そして，第3ブロックは，税額に関する項目である。
　米国の法人税申告書は，会計帳簿に基づく数値から計算される点では，日本と同様であるが，会計帳簿の数値を申告書記載前にワークシートで調整してその数値を申告書に記載する方式であり，法人税申告書が税務P/Lとなっている。
　この米国の申告書について2点コメントすると，第1は，所得（income）は収入概念であるにもかかわらず，事業に係る所得については売上総利益を記入することになっている。その理由であるが，現行法人税の前身である1909年制定の法人免許税（Corporation Excise Tax）に関して財務省から発遣された規則第31号によれば，製造業と商業の場合，総所得は，売上高から売上原価を控除した額であり，売上原価は期首棚卸高を加算して，期末棚卸高を減算して計算すると規定されたのである。その背景には，20世紀初頭，製造業又は商業を営む個人又は法人の場合，棚卸により売上原価を算定することが会計の一般的方法であったことから，総所得の定義は，棚卸資産の販売による総所得は実質的に利益（profit）であることを明確にしたのである。現行の財務省規則§1.61-2(a)の規定では，製造業，商業，鉱業における総所得は，総売上高（total sales）から売上原価（cost of goods sold）を控除し，投資及び付随的又は外部の活動から生じた所得を加えた額である[1]。
　第2の点は，控除項目が申告書に印字・列挙されていることである。日本では，企業利益算定の段階で控除され，法人税申告書には現れない項目が，米国では，申告書に記載されているのである。
　このような形態に至った理由は，1911年の法人免許税に係るフリント事案[2]

の判決にみることができる。法人免許税は，憲法上の制約から所得税としての法人税が違憲であったことから，間接税として法人の課税所得に課される税で，実質的には法人税と同様である。しかし，法人免許税は規定された性格の事業を行うことに対して課されるもので，課税の尺度は所得であり，控除は法定化されていた。この控除の法定化は立法府である議会の権限であったことから，収入金額を課税標準とせず，議会の恩典により控除が認められたことに由来している。

(3) 米国法人税の特殊性

　米国が最初に所得税を導入したのは1860年代の南北戦争期である。その理由は，南北戦争における財政需要を補うためであり，1861年に最初の所得税法が成立したが廃止され，翌1862年に再び制定されて1872年まで施行されたのである。

　南北戦争は1865年に終了したが，所得税は，連邦政府の財政赤字を補うために存続し，1872年に廃止され，その後，1894年制定の関税法（ウィルソン・ゴーマン関税法）の第32条に所得税・法人税（以下「1894年法」という）が規定されるまでの間には約20年間の空白期がある。1894年法は，国内物価高騰を抑えるために引き下げられた関税の穴埋めとして規定された米国最初の法人税法である。

　この1894年法人税は，結論から述べると，法人の利益に課税するという形にはなっているが，課税対象となる所得計算が充分に発達していたとはいえない状態であった。そして，1894年法は，1895年のポロック事案最高裁判決[3]により違憲とされて廃止されるのである。

　その理由としては，米国憲法第1条第2節第3項に，直接税は連邦に加入する各州の人口に比例して各州間で配分される，と規定されていたことに原因がある。ポロック事案では，米国連邦政府に所得税の課税権があるかないかを争点としたのではなく，人口比に基づいて各州に配分するかどうかで直接税であるか否かを判断したものである。米国では憲法作成時に直接税として想定されていたものは，財産税と人頭税であったのでこのような規定になったのであるが，後発の所得税はこの規定の想定外であったことから違憲となったのである。

その後，このような状態は，1913年2月25日，連邦政府に対して，各州の間に配分することなく，また国勢調査もしくはその他の人口算定に準拠することなしに，直接税の課税を認める憲法修正第16条が確定したことで解消されたのである。

その後1909年に法人を納税義務者とする間接税である法人免許税が制定されたことはすでに述べたとおりである。この法人免許税は，違憲となった直接税（所得税）ではなく間接税（消費税）として制定されている。

この法人免許税は，すべての源泉から受領した5,000ドルを超える純所得（entire net income）に対して1%の税率を課すものである。この純所得の計算は，所得の総額（the gross amount of the income）から諸控除（deductions）を差し引いて行うのであるが，諸控除については，法人免許税に係る税法上の規定に限定列挙されている。したがって，法人免許税の実質は，法人の所得に対する課税であるが，直接税とすると違憲になることから間接税として税収を確保しつつ，違憲状態となるのを回避したのである。

法人免許税制定後，米国憲法は1913年の修正第16条により改正されたことにより，米国は，1913年に連邦政府が賦課徴収できる所得税（法人税を含む）を制定したのである。この1913年法は現行の内国歳入法典の前身である。1913年法の法人税の計算構造は，法人免許税の計算構造を基本的に引き継いだものである。1913年法における法人税申告書では，総所得（Gross Income）から諸控除（Deductions）を差し引いて純所得（Net Income）を計算することになっている。すでに述べた現行の米国法人税申告書の原型はほぼこの時代に出来上がったということができる。

（4）米国が分離型となった理由

前項で述べたとおり，現行の米国法人税の計算構造は，1913年の所得税法（法人税を含む。）ではなく，1909年制定の法人免許税の段階でその原型が確立されていたのであるが，では，なぜに，分離型を米国が採用したのかという理由をここで考察する必要がある。

一般にいわれていることは，次のようなことである。すなわち，米国は，独立時（1776年独立，1789年憲法制定）に連邦に権限が集中することを避けて，各

州に多くの権限を与えるある種の分権制度を採用している。その一例が，州による私法の制定である。例えば，会社法，財産法等は米国ではいずれも州法であり，連邦法ではない。このような法的環境にあって，租税は州ばかりではなく連邦も課すことから，米国では，州ごとに異なる私法と連邦税の関連が断絶しているのである。このことをもって，米国が私法により確定した企業利益に基づいた統合型の法人課税制度を採用できなかったというむきもある。この私法と連邦税との断絶を原因とする見解は，現在，分離型が米国において変更されずに維持されている原因としては1つの理由づけにはなるが，発生史としては，別の見解もできるのである。

　第1に，すでに述べたことと重なる部分もあるが，1895年のポロック事案最高裁判決により1894年法の違憲という判決が下されたが，それ以前の1860年代の所得税ではどうして違憲ではなかったのかという疑問が生じるのは自然である。当然，1860年代の所得税について違憲ではないかという訴訟があったのである。例えば，1880年のスプリンガー事案判決[4]では，この事案に適用された1865年の所得税は米国憲法に定める直接税ではないという判決により違憲とされなかったのである。また，1913年制定の所得税法に関しても，憲法修正第16条との関連から違憲とする訴えが起こされている。

　このように，米国の法人税を含む所得税は，違憲とすることを回避する形で形成されたともいえるのである。このことからいえることは，米国法人税が1913年制定の所得税法ではなく，1909年制定の間接税である法人免許税を起源としていること，そして，その形成は憲法解釈を巡る多くの論争があり，これが米国法人税を形成した1つの理由といえるのである。

　第2に，法人免許税が現金主義を規定したことから，発生主義を認めるべきとする会計士業界からの意見書が出されたのである[5]。このことからもわかるように，同法の立法に会計専門家が参加しておらず，当時の企業会計の実務を考慮することなしに同法が立法されたということである。立法に会計専門家が関与するのは，1918年財政法以降である。また，このことは，当時の企業会計の水準が法律に反映するレベルになかったともいえるし[6]，その後の米国における企業会計と税法の関連をみても，両者は相互に意識しつつも独自の展開をしている。米国の税務会計史において，企業会計と税法が調整を図ったの

は1954年の内国歳入法典改正の時であるが,結果的に,この試みは失敗に終わっている。

第3に,法人免許税が間接税ということであり,法人の所得を課税標準としていても,企業利益に課税する方式は採用できなかったともいえるのである。

以上,3つの理由から,米国は分離型になっているといえるのである。

2 英国における税法と企業会計の関連

(1) 英国税制小史

英国は世界で最初に所得税を導入した国であるが,英国の税制史において法人税を見出すことは難しい。その理由は,法人課税に関する規定が所得税法に規定され,法人の課税所得計算の多くが,個人課税の原則を準用する形になっていたからである。要するに,長い間,法人税と所得税は未分離な状態にあったのである。また,これ以外に,英国税制独特のシェジュール制度,賦課課税制度等があり,米国,日本とは異なる法制度及び税務環境にあったといえる[7]。以下は,英国法人税の展開のうち重要と思われる部分を列挙する。

① 1783年:世界最初の所得税(ピットの所得税法)は,法人(corporate)形態の団体,会社(company)形態の団体も課税対象であった。
② 1803年:アディントンの所得税法の特徴は,所得をシェジュールAからEまでの5つに分類したこと,さらに,源泉徴収方式を取り入れたことである。そして,この時に確立されたシェジュール制度が現在も継続して英国法人税に適用されていることである。
③ 1842年:ピールの所得税法における事業所得課税は,利益金額は前3年間の平均として計算されることが規定され,この所得算定方式が20世紀初頭まで続くのである。
④ 1878年:1878年関税及び内国税法第12条に,機械と設備に関する減価償却に関する規定を初めて設けたのである。
⑤ 1910年:所得税の付加税として累進付加税(super-tax)が創設された。

⑥ 1915年：超過利潤税（excess profits duty）が創設された。
⑦ 1920年：法人利益税（corporation profits tax）が創設された。この税は，1924年に廃止されている。法人利益税における利益計算は，4月から始まる課税年度（income tax year）或いは数年間の平均額による計算ではなく，事業年度において生じた実際の利益を対象としている。これは，過去3年間の平均所得を課税対象としてきた従来の課税方法からすると大きな改正である。
⑧ 1937年：国防税（National defence contribution）が創設された。この税は，法人については，その利益を対象としたものではあるが，法人税として独立した課税を行うものではなく，個人，パートナーシップ及び法人の利益を対象とした付加税の性格を持つ税である。
⑨ 1947年：事業利益税が創設された。この税は，1965年財政法による法人税一本化までの間，法人所得に対して，所得税の付加税として課されたのである。
⑩ 1965年：1965年財政法第46条では，所得税及び事業利益税に代わって法人税が導入されている。このことは，1965年に法人税が所得税から分離したのである。
⑪ 1970年：所得・法人税法（Income and Corporation Taxes Act 1970）
⑫ 1988年：所得・法人税法（Income and Corporation Taxes Act 1988）
⑬ 2009年：法人税法（Corporation Tax Act 2009）が制定された。

英国における所得税における所得と課税の区分としての特徴があったシェジュール制度は，個人所得税について，1988年財政法のシェジュール6の2においてシェジュールBが廃止されたのを皮切りに，2005年までにすべて廃止されている。法人税に関しては，所得区分間の所得と損失の通算の制限，繰越欠損金の利用制限としてシェジュールA，D，Fが残されている。

(2) 英国の納税制度

英国の所得税の納税は，申告納税制度ではなく，賦課課税制度が長らく続いてきた。この制度下では，課税当局が納税義務者からの申告を受けて，税額を査定後に通知し，納税義務者に不服があるときは不服申し立てをすることにな

る。

　日本或いは米国における申告納税制度の下では，納税義務者が自らの所得と税額を計算して納税申告書を作成して税務署に提出する。税務署は，提出された納税申告書について後日税務調査を行うことになる。

　英国の賦課課税制度の下では，納税義務者は，納税申告書を提出するが，最終的な税額は課税当局により決定されて納税義務者に通知されることになる。

　英国の賦課課税制度は長い期間適用され，法人税では，1993年9月30日後に終了する会計期間において，申告納税制度導入への準備的な方法としてPay and File方式が導入され，1999年以降，申告納税制度が導入されている。

(3) 真正かつ公正な概観

　英国の場合，会社法が財務諸表作成について規定しているが，この財務諸表について会計士監査を受けたものについて，課税当局がその信憑性を評価するという慣行である。しかし，法人の課税所得の計算は，この財務諸表における利益から誘導される方式ではなく，賦課課税制度の下では，課税当局が法人の税額を決定してこれを法人に通知するということで，企業会計における財務諸表における利益と課税所得計算は遮断されていたのである。

　英国における企業会計と会社法の関連については，1948年会社法第4款（経営と管理：management and administration）の「記帳と会計（Keeping of books and account）」に規定された第147条，第149条及び第152条にある「真正かつ公正な概観（true and fair view）」という文言の意義を検討する必要がある。

　「真正かつ公正な概観」の歴史的背景については，企業会計と会社法の関連を主眼とした先行研究[8]を参考にすると次のとおりである。

① 「真正かつ公正な概観」が使用される以前に「真正かつ正確な概観（true and correct view）」という用語が1856年のジョイント・ストック会社法（the Joint Stock Company Act）において使用されていた。

② 「真正かつ公正な概観」という用語が最初に使用されたのは，商務省によって設置されたコーエン委員会（Cohen Committee）である[9] [10]。

③ 税務・財務委員会による会計基準への勧告により，企業会計について会社法は最小限度の規定を設けるにとどまることになったという指摘があ

る[11]）。

　この上記③の見解に基づくと，会社法は，企業会計における会計基準に依存する方式を選択したことになる。

　「真正かつ公正な概観」と税務の関連は，会社法における企業利益の適正な算定がこの概念により担保されることから，間接的に，税務と関わることになり，日本の公正処理基準（法人税法第22条第4項）のような直接的な関連を見出すことはできないのである。

（4）イングランド・ウェールズ勅許会計士協会の税務・財務委員会における検討

　イングランド・ウェールズ勅許会計士協会の評議委員会は，税務・財務委員会に対して，会社会計に関する勧告を検討し，会員への情報として適時権威ある勧告を出すことを要請した。この税務・財務委員会の勧告は，あくまでも企業会計における税務処理という観点からのものであるが，税務との関連がある勧告には次のものがある[12]）。

① 1943年3月13日：The treatment of taxation in accounts
② 1943年3月13日：The treatment in accounts of income tax deductible from dividends payable and annual charges

　この2つの勧告は，企業会計の側から税務との相違を積極的に解消しようとするものではなく，あくまでも企業会計における会計処理の一環として税務関連項目の処理について会計基準として協会の会員である会計士向けに述べたものである。

　英国の企業会計において一般化していた秘密積立金の実務が，1931年のロイヤル・メイル社事案において顕在化し，その影響を受けて，1948年会社法に「真正かつ公正な概観」の規定がそれ以前の「真正かつ正確な概観」に代わって規定された。他方，同じくこの事案を契機として，1942年に前出のイングランド・ウェールズ勅許会計士協会において税務・財務委員会が設置され，1967年までの間に会計基準の設定が行われるのである。

(5) 英国が分離型である理由

英国が分離型であるとする理由については，いくつかの点から説明することになる。

第1に，英国のシェジュール制度は，個人については2005年までに廃止されたが，法人については現存しているのである。法人の事業所得の区分であるシェジュールDでは，GAAPによる計算に従うことになっているが，シェジュールAとFは残っている。英国は，1999年以降，法人税について申告納税制度に変更されていることから，賦課課税制度の問題は解消されているが，1803年のアディントンの所得税法から始まったシェジュール制度を存続させているということで，米国とは異なる分離型といえる。

第2に，英国では，課税所得計算において企業会計上の減価償却費の控除を認めず，税法上の減価償却費（capital allowance）を申告調整により減算する方式を採用している。このことは，企業会計と税法の考え方が異なるという象徴的な事項といえる。

3　小　括

米国の企業会計と税法の関連について，企業の財務諸表と納税申告書の作成双方に関与する公認会計士の立場からすると，両者が調整されることが望ましいが，両者の歴史的な変遷をみると，それぞれの論理，立場で独自に展開しているという印象が強いのである。

また，英国の場合は，シェジュール制度，税法上の減価償却費（capital allowance）等，長い伝統が守られた結果，米国とは異なる分離型となっており，日本からみて参考にするには若干無理があるように思われる。

◆注

1) 詳細は矢内一好『米国税務会計史 確定決算主義債権等の視点から』中央大学出版部 2011年，第3章。
2) Flint v. Stone Tracy Co., 220 U. S. 107（1911）.
3) Pollock v. Farmer's Loan & Trust Co., 157 U. S. 429（1885），Pollock v. Farmer's Loan & Trust Co., 158 U. S. 601（1885）.
4) Springer v. United States, 102 U. S. 586（1880）.
5) Deloitte, etc., "Accounting Errors in Corporation Tax Bill", The Journal of Accoutancy, Vol.8 No.3, July 1909.
6) 法人税が損益法的な利益計算であるのに対して，20世紀初頭の会計は貸借対照表を中心とした財産法的な利益計算が主であった。
7) 英国の法人税務については，石黒信二「英国の確定決算基準の動向」『確定決算についての報告』（社団法人）日本租税研究協会，確定決算研究会，1994年がある。英国税務会計の歴史については，矢内一好『英国税務会計史』中央大学出版部，2014年がある。
8) 千葉準一『英国近代会計制度―その展開過程の探求』中央経済社，1991年，及び山浦久司『英国株式会社会計制度論』白桃書房，1993年。
9) Report of the Cohen Committee on Company Law abstract of the discussion, Journal of the Institute of Actuaries（1947）73, p.22.
10) 齊野純子『イギリス会計基準設定の研究』同文舘出版，2006年，10頁。
11) The Institute of Chartered Accountants in England and Wales, The Accountant 12, December, 1942, p.354.
12) The Institute of Chartered Accountants in England and Wales, The Accountant 13, March, 1943, pp.137-138.

第5章

賦課課税制度時代の法人税法と企業会計の関連

1 第1期の特徴

　本書では所得税創設から第2次世界大戦終戦までの時期を第1期として区分してきた。この時期における日本の会計学は，簿記論から進化して会計学という領域が認識されつつある時期[1]であるが，会計学が税法に影響を及ぼす時期とはいえない。

　この時期の特徴といえるのは，商法の会社の経理への影響であり，法人税は，所得税に含まれて，第一種所得税という位置付けで，賦課課税制度の時代である。ちなみに，第二種所得税は利子税，第三種が個人所得税であり，法人税は1940年に分離独立している。

　この時期において検討すべき点は，賦課課税制度の下で，法人の計算はどのように行われていたのかということになる。

　まず，資料面では，船田勇氏の『税務會計』（1934年発行）には，本人の著書を含めて27冊が参考文献として掲げられているが，『税務會計』というタイトルは船田氏の著書以外では片岡政一氏の『税務會計』（1931年発行）のみである。

2 所得税法の規定

　船田氏の著書の巻末に関係法規として1920（大正9）年の所得税法（以下「大

正9年所得税法」という）が付録にある。

大正9年所得税法第3条，第4条，第24条及び第26条の法人の所得計算に係る規定は，次のとおりである。なお，カタカナ書き部分を筆者が修正した。

（第3条）

> 所得税は左の所得に付き之を賦課す（大正12年，大正15年改正）
> 　甲　法人の普通所得
> 　乙　法人の超過所得
> 　丙　法人の清算所得

（第4条）

> 法人の普通所得は各事業年度の総益金より総損金を控除したる金額に依る。但し保険会社に在りては各事業年度の利益金又は剰余金による（大正15年法律第8号改正）（以下略）

なお，普通所得の税率は内国法人が5％，外国法人が10％である（第21条）。

（申告関係：第24条）

> 第一種の所得に付納税義務ある者は，命令の定むる所に依り財産目録，貸借対照表，損益計算書又は清算若は合併に関する計算書並に第4条乃至第11条の規定に依り計算したる所得及び資本金額の明細書を添付しその所得を政府に申告すべし（以下略）

（政府の決定：第26条）

> 第一種の所得金額は第24条の申告に依り，申告なきとき又は申告を不相当と認むるときは政府の調査に依り政府において之を決定し，第三種の所得金額は所得調査委員会の調査に依り政府に於て之を決定す（以下略）

3　商法の影響

　船田勇氏の『税務會計』が発行された1934年を含む，所得税創設時から第2次世界大戦終戦までの期間の商法の状況を再確認すると，次のとおりである。

1887（明20）	所得税創設
1899（明32）	新商法成立
1911（明44）	新商法第1次改正
1922（大11）	破産法附則390条による改正
1932（昭7）	手形法附則80条による改正
1933（昭8）	小切手法附則64条による改正
1937（昭12）	船員法附則68条による改正
1938（昭13）	第2次改正
1947（昭22）	検察庁法附則42条による改正

上記の表によれば，船田氏の著書発行時点の商法は，新商法第1次改正後の規定が施行されていたことになる。

新商法の規定では，第5章の「商業帳簿」において，次のような規定がある。なお，カタカナ書き部分及び句読点は筆者が修正した。

> **第25条** 商人は帳簿を備へ之に日日の取引其他財産に影響を及ぼすべき一切の事項を整然且明瞭に記載することを要す。但家事費用は1月毎に其総額のみを記載することを得
> **第26条** 動産，不動産，債権，債務其他の財産の総目録及び貸方借方の対照表は商人の開業の時又は会社の設立登記の時及び毎年1回一定の時期に於て之を作り特に設けたる帳簿に記載することを要す。財産目録には動産，不動産，債権其他の財産に其目録調整の時に於ける価格を附することを要す。
> **第27条** 年2回以上利益の配当を為す会社に在りては毎配当期に前条の規定に従い財産目録及び貸借対照表を作ることを要す。
> **第28条** 商人は10年間其商業帳簿及び営業に関する信書を保存することを要す。

上記の第26条は，1911年の改正（以下「改正新商法」という）により，第26条第2項（新商法第26条の後段部分）を次のように改めている[2]。

> **第26条第2項** 財産目録には動産，不動産，債権其他の財産に価額を附して之を記載することを要す。其価額は財産目録調整の時における価額を超えることを得ず。

　新商法第26条では財産目録における評価を調整時における価格として「時価」を規定しているが，改正新商法第26条第2項では，「価格」が「価額」に改正され，時価以下主義に変更されている。
　また，この時点では，帳簿作成の基準（例えば1974年改正で導入された「公正ナル会計慣行ヲ斟酌スベシ」）に関する規定はない。
　さらに，新商法「第4章　株式会社」の「第4節　会社の計算」は，第190条から第198条により構成されているが，第190条の規定は次のとおりである。

> **第190条**　取締役は定時総会の会日より1週間前に左の書類を監査役に提出することを要す。一　財産目録，二　貸借対照表，三　事業報告書，四　損益計算書，五　準備金及び利益又は利息の配当に関する議案

　以上のことから，法人の多くを占める形態である株式会社の場合，上記の第190条に規定のある各種計算書等を作成することが義務付けられていたのである。このことから，当時の会社計算に影響を与えていたのは商法会計ということになる。このような実務の状況を踏まえて，当時の法人税の申告等がどのように行われていたのかを次に検討することになる。

4　賦課課税制度

　ここで再度，次の2点を確認する。
　第1は，所得税法第4条の規定により，「法人の普通所得は各事業年度の総益金より総損金を控除したる金額」であることとの関連である。
　第2に，課税標準の調査決定は，税務執行官庁が職権をもって行うべき確認行為であり，税法に基づく課税標準の調査決定を行うために，納税義務を有す

る法人は，課税標準に関する一切の事項を申告することになる[3]。

　納税義務者側からの見解として，会計上の益金とは，営業上の収入，営業外の収入その他種々の原因に基づく資産価値の増加等のあらゆる収益をいい，損金とは，収益を得るに必要な経費その他種々の原因に基づく資産価値の減少等あらゆる損失をいう，という理解であり，大筋では会計上の収益又は費用・損失となすところに従って計算して差し支えないが，税法に益金又は損金の定義がなく，税法上の取扱いがあることから，これらを理解することがなければ，課税上の損益を計算することができない，というものである[4]。

　上記のような税法の規定に基づいた賦課課税制度の手続は，次のとおりである。

① 　新商法第190条の規定により，株式会社の取締役は定時総会の会日より1週間前に財産目録，貸借対照表，事業報告書，損益計算書，準備金及び利益又は利息の配当に関する議案の書類を監査役に提出することになる。すなわち，取締役は，上記の書類を所定の日までに作成提出する義務を負っていることになる。

② 　新商法では，商人は，日々の取引の記帳義務を負い（新商法第25条），年1回，時価以下主義で評価した財産等を記載した財産目録の作成義務がある。

③ 　所得税法第24条により，法人所得の納税義務者は，財産目録，貸借対照表，損益計算書又は清算若しくは合併に関する計算書並びに第4条ないし第11条の規定により計算した所得及び資本金額の明細書を添付しその所得を政府に申告することになる。したがって，法人は，第4条以下の規定により，課税所得の計算等の明細書を添付することになっている。

④ 　上記③で示したように，法人は，その所得を税法所定の方法により申告すべきであるが，その正確性を証明する決算書類が必要となる。そして当局は，申告を不相当と認める場合にはこれを否認し，計算を修正して所得を決定することになる。税務署長は，所得決定について，決算の内容を検討分析するところの決算書審査権がある[5]。

⑤ 　申告納税制度であれば，事業年度終了後の所定の時期に申告納税をすることになる。当然，申告書提出後に事後の税務調査があるが，当初申告の

納税は早期に行われることになる。他方，賦課課税制度では，上記③により法人は申告を行うのであるが，税務署が後日所得の賦課決定をするまで納付額が定まらないということになる。

ここまでの検討から，新商法及び所得税法という制度面の整備は行われたとして，法人の会計実務はどのような状況であったのかということが問題となる。

前出の船田勇氏は，その著書において次のように記述している[6]。

「所得の計算に当たって，如何なるものが益金であるか，また如何なるものが損金であるかそれさえ判然と定まれば所得の計算は誠に簡単なものである，而して会社の行う計算は，<u>会計の理論に立脚せずして政策的計算をなす所より</u>して税務行政上課税の衡正ということが得られなくなるのである。」（下線筆者）

また，時代は異なるが，1947年12月に，連合軍総司令部（GHQ）から「工業会社及び商事会社の財務諸表作成に関する指示書」から出されたが，GHQが提出を求めた主要な商工業会社である制限会社の財務諸表がバラバラであった[7]。

会計学の進展をみる指標の1つは，減価償却の実務である。例えば，米国では，法人の前身である法人消費税が導入された1909年当時は，大規模法人等において，近代的な所得算定法が一般化しており，発生主義会計が広く利用され，設備資産に対する減価償却，不良債権及び偶発債務に関する引当等が行われ，多くの企業が事業形態にあった事業年度を設定していたのである[8]。しかし，減価償却が法人実務に広く取り入れられるのは，1910年代後半に第1次世界大戦の戦費調達のために導入された超過利潤税等による課税強化の時期である。

日本では，1918年に，税務当局が内部的に耐用年数を決め，減価償却は損金として認められたのである[9]。しかし，米国の例から類推して，日本の法人税率が5％であることから，減価償却が法人実務に広く取り入れられたかどうかについては，上記の会計実務の不統一という記述からして，問題が多かったのではないかと思われるが，1927年の主税局通牒（主秘第1号）では，減価償却について耐用年数を示し，定率法，定額法の方法により償却することを認めている[10]。

◆注

1） 米国で初めての会計学の理論書といわれるハットフィールドの『近代会計学』が上梓されたのが1909年である。この時期に刊行された会計学の理論書について，黒澤教授は，以下の3冊のうち，ハットフィールドの著書を米国会計学の出発点であると評価している（黒澤清「米国会計学発展史序説」馬場敬治他『米国経営学（上）』所収，東洋経済新報社，1956年，246頁）。

　① Sprague, Charles E., The Philosophy of Accounts, NY 1907.
　② Cole, W. M., Accounts, Their Construction and Interpretation, NY 1908.
　③ Hatfield, Henry Rand, Modern Accounting, Its Principles and some of its Problems, NY 1909.

2） 千葉準一「商法計算規定の形成」『経済志林』77巻1号，2009年6月，109頁。
3） 片岡政一『税務會計原論　増徴新税　四版』文精社，1937年，639頁。
4） 船田勇『税務會計』東洋出版社，1934年，19頁。
5） 片岡政一，前掲書，633-663頁。
6） 船田勇，前掲書，17頁。
7） 武田昌輔「昭和40年度法人税法全文改正に至る論争」『TKC』430号，18頁。
8） Chatfield Michael, A History of Accounting Thought, the Dryden Press, 1974, p.206.（津田正晃・加藤順介訳『チャットフィールド　会計思想史』文眞堂，1979年，263頁）
9） 武田昌輔『法人税回顧60年　企業会計との関係を検証する』TKC出版，2009年，4頁。
10） 同上，32頁。

シャウプ勧告における法人税法と企業会計の関連

1　第2次世界大戦後の税制改正

　1945年の第2次世界大戦終戦から1950年のシャウプ勧告に基づく税制改正までの間，1946年に財産税，1948年から取引高税が創設されている。そして，1947年の税制改正により，所得税，法人税に申告納税制度が導入されている。

　ここで疑問に思うことは，終戦後の混乱の時期に，GHQが民主化の一環として納税義務者の自主性を尊重して，自らの所得と税額を申告する制度を設けた，とするのが一般的な理解のようであるが，この点については少し詳細にその経緯を追う必要があろう。

2　賦課課税制度[1]

　個人の場合は，前年分の所得金額を当年3月までに申告し，税務当局は事前に独自調査を進め申告額を参酌して課税予定額を決定し，これを所得調査委員会に付議して最終的に確定して5月中に賦課決定を行って通知し，その税額を4回に分けて分納する制度であった。

　法人の場合は，事業年度終了後2月以内に所得の金額を申告し，税務署ではその申告額を参酌しながら順次調査をして所得金額を決定し，その後通知その税額を一時に納付させていた。

この賦課課税制度の問題点は，申告額と税務署の調査額とに差があることが多く，その調査に時間がとられることと，戦後の納税義務者数の増加，人手不足による経験不足の税務職員の問題等があったのである[2]。

3　1945年の「法人各税の取扱い」[3]

　戦時下においてインフレが進行して賦課決定が遅れて徴収金の価値が減少する事態となり，1945年9月に標題の通達が発遣され。その意図するところは，早期の税収確保ということで，1945年の税制改正により施行され，「税金は決算確定後自ら納める」こととなった。この申告納税の対象となった法人は，公称資本金500万円以上の法人，資本金500万円未満でも大蔵大臣の指定した銀行，保険会社，信託会社，地方鉄道会社等であった。大蔵省は，この申告納付に必要な部分を公開通達で開示したのである。この制度は，申告納税制度とは異なることから，国税関係者の間では，申告納付制度（申告予納制度）と称されていた。

4　申告納税制度の導入

　申告納税制度導入の背景として，次のような口述がある[4]。
　「所得税や法人税について申告納税制度が導入された契機となったのは，憲法の施行後にGHQの命令で脱税犯を処罰することを目的にしたものであった。申告納税制度が導入された昭和22年のあと，東京国税局では昭和24年分から，他の局では昭和25年分から，「お知らせ」といわれる方式がとられ，税務署が「課税見込額をあらかじめ通知した。わが方の調査によりますと，大体これぐらいになります，……本人を呼び出して通知する」という課税方式がとられた。これは，それまで，大量の更正決定で不服申し立てがなされ，税務署の事務負担が大変だったことが主な原因だったようである。この「お知らせ」方式になってから更正決定が70％から一挙に5％以下に減ったといわれている。し

がって，最初から目標額が決められていて，それに基づいて不足すれば更正決定を乱発するという，賦課課税制度と変わらない徴税行政が続いていたことになる。したがって，申告納税制度が法定されたからといって，それが，当初から憲法の国民主権主義を税制面で支えるというようなものでなかったことは明らかである。」

　上記の口述は，申告納税制度に改正された後も，当分の間，賦課課税制度と変わらない徴税行政が続いたことが述べられているが，申告納税制度導入の理由としては，「GHQの命令で脱税犯を処罰することを目的にしたもの」という説である。

　これらに対して武田昌輔氏は，1947年2月1日にゼネラルストライキが予定されており，当時の賦課課税制度では税務署の業務が停滞することから，同年4月施行の申告納税制度が慌てて導入され，また，早期の税収確保の観点から賦課課税制度では対応できないという意見である[5]。

　この武田氏とは異なるものとして，1946年導入の財産税において申告納税制度がすでに採用されていたこと，GHQからの強い勧告等もあって，1946年末まで1947年分から実施することが決められていた，という見解がある[6]。

　この3つの説について，1947年2月1日のゼネラルストライキを強権的に防止した当時のGHQの行動からして，前述したGHQ命令説は，当時の社会情勢からして否定できるものではない。しかし，1947年4月から従前の賦課課税制度が急に申告納税制度に改正されたのであれば，多少違和感が生じるが，武田昌輔氏の指摘するように，1945年改正の「申告納付制度」がある種の準備的な制度であったと解するのであれば，申告納付制度が突然に導入されたとしても，大蔵省では，一定の準備はできていたことになる。

　いずれにせよ，申告納付制度が法定化された以降，順調に定着を見ていないことは前述の口述が物語っている。次の検討課題は申告納税制度がどのように定着したのかという点であり，企業会計原則の制定，シャウプ勧告等が行われた時期になる。

5　賦課課税制度から申告納税制度への移行

　申告納税制度は，自らの所得について熟知している納税義務者自身が所得金額を算定するという制度の趣旨であるが，賦課課税制度と比較した場合，正しい金額が申告に反映されるのかという欠点がある。そのため，事後調査等を通じて申告金額が適正かどうかを税務当局はチェックするのである。

　1946年から1947年の制度切替時に，個人が3回の中間納付をすることに伴い，法人については，事業年度が6月を超える場合に6月の中間で仮決算を行い，法人税額を予納することになっていた。法人の場合は，商法による株主総会等における決算承認，利益処分の確定のために帳簿組織が整備されていたこと等もあり，また，1945年から申告納付制度（申告予納制度）が実施されていたことからこれ以降は問題なしとされていた[7]。

6　シャウプ勧告に対する評価

（1）第2期の焦点

　第2次世界大戦終戦後の第2期の焦点は，シャウプ勧告関連では，①シャウプ勧告の内容，②1950年のシャウプ勧告を受け入れたシャウプ税制，③シャウプ税制以降の展開，に分けることができる。

（2）シャウプ勧告前後の環境[8]

　　イ　シャウプ勧告の位置づけ

　本書は，シャウプ勧告の分析を研究対象の中心とはしていないが，その勧告の意義を考える場合，シャウプ使節団来日前からシャウプ勧告に基づく1950年の税制改正とその後の動向までを視野に入れることで，GHQ支配の戦後の混乱期を理解する方法もあるのではないかと思い，以下は，そのような方針で検討を進めることにする。

ロ　戦後のインフレーションとその対策

　第2次世界大戦終戦後，日本は激しいインフレーションとなり，1934～36年の卸売物価をベースにすると，1949年までに約220倍となり，1945年ベースでは1949年の物価は約70倍となった[9]。

　このインフレーションは，国の財政，特に税収確保に影響し，前述した1945年の申告納付制度の導入と，従前の賦課課税制度から申告納税制度への改正を促進する原因となったのである。

ハ　1947年度の税制改正[10]

　国税関係者の見解として，当時の主税局長であった平田敬一郎氏は，1947年度税制改正が重要で，実際のシャウプ勧告は，1947年に改正になった部分を補強し，次に権威づけるという点が多かったので，1947年の改正を昭和の税制の中で大いに重視したい，と述べている[11]。

　以下は，法人関係における1947年度の改正点を列挙する。

① 申告納税制度の創設
② 普通所得の税率は据え置き[12]，超過所得に対する法人税，清算所得に対する法人税及び資本に対する法人税の改正
③ 同族会社の留保金課税の改正
④ 加算税額及び追徴税額制度の創設
⑤ 申告書の閲覧制度及び第三者通報制度の創設（1946年の財産税と同様）
⑥ 脱税犯等に対する懲罰系の創設等
⑦ 減価償却の損金算入額と耐用年数の法定化

ニ　経済安定9原則とドッジライン

　GHQは，終戦後の日本経済の自立安定と経済復興のために，1948年12月に以下に掲げる経済安定9原則という指令を出した。

① 総予算の均衡化
② 徴税を強化し脱税者に対する刑事訴追等の実施
③ 資金貸出しの制限
④ 賃金安定のための計画の策定

⑤　物価統制の強化と範囲拡大
⑥　貿易関連の改善
⑦　輸出増加のために資財割当配給制度の効果的活用
⑧　国産原料，製品の増産
⑨　食料集荷計画を効率化すること

1948年12月指令の経済安定9原則の実施ために1949年2月に来日したジョセフ・ドッジ（Joseph Morrell Dodge, 1890-1964）は，インフレーションの抑制と貿易振興等のための財政金融引き締め政策を実施した。そして，1949年4月25日に1ドル360円の固定レートが施行された。

ホ　池田蔵相書簡

シャウプ使節団が来日した当時の大蔵大臣は池田勇人氏（1899〜1965），主税局長は平田敬一郎氏（1908〜1992）である。池田蔵相は，来日したシャウプ氏に対して書簡（以下「池田書簡」という）を送っている[13)][14)]。

(イ)　池田書簡の背景

ここまでの検討で池田蔵相を含めた当時の国税関係者のシャウプ使節団に対する見方が以下のような諸点に集約されているといえる。

①　1949年度以降，税務当局は減税を目論んでいたが，このプランはドッジ氏に握りつぶされた。
②　税制の骨格は，1947年度税制改正により出来上がっており，国税関係者は，シャウプ使節団が日本の税制度を1から立て直すことを期待していなかった[15)]。

(ロ)　法人関連の事項

1945年〜1952年の税収入（単位：百万円）は，以下のとおりである[16)]。

年　度	所得税	申告所得税	法人税
1945	3,820		1,161
1946	12,240		1,273
1947	79,272	51,319	7,170
1948	190,832	114,425	27,900
1949	278,754	137,206	61,264

1950	220,134	92,618	83,790
1951	225,671	75,441	183,881
1952	269,919	83,045	186,008

　上記の表からも明らかなように，朝鮮戦争による戦争特需により法人の所得が増加する1951年まで，税収入は個人所得税が中心であり，商法等により規制されない個人納税義務者の管理が税制の中心であった。そのため1950年まで税制における重点は，所得税である。

(ハ)　池田書簡における法人税関連事項

　すでに述べたように，池田書簡は，シャウプ使節団を迎える時期における国税関係者の日本の税制に対するある種の自信・意気込みが窺がえるものである。

　法人関連としては，減価償却資産の再評価と，資本金額を基準とする超過所得の計算における法人の設立時期（戦前或いは戦後）による不均衡の是正等である。

(3) シャウプ勧告と法人税制

イ　1949年度税制改正

　シャウプ使節団は，1949年5月に来日して8月まで日本において活動し，同年9月に第1次勧告を作成している。

　1949年度税制改正における法人関連の事項では，青色申告の準備としての法人又は個人事業者の備付帳簿及びその記載事項を定め，その備付等をする者は，1950年1月31日までに政府に届け出ることになった[17]。また，取引高税が1950年1月1日から廃止となった。

ロ　1950年度税制改正（法人税関係）

　1950年度税制改正は，所得税の減税，富裕税の創設等多くの改正があるが，法人税関係の項目は，次のとおりである[18]。

　①　超過所得及び清算所得に対する課税の廃止
　②　各事業年度の所得中留保した積立金増加額の課税の新設

③　公益法人の収益事業課税の開始
④　受取配当の益金不算入規定の新設
⑤　欠損金区分の5年繰越しと1年繰戻し
⑥　減価償却の方法，棚卸資産の評価方法規定の新設
⑦　貸倒準備金の新設
⑧　額面超過金，減資益金の益金不算入規定の新設
⑨　修繕費と資本的支出の区分規定の新設
⑩　資産再評価と再評価税

八　1950年度税制改正（青色申告）

(イ)　シャウプ勧告の記述

シャウプ勧告では，第4巻附録D58頁以上に「正しい記録を行うための誘因策」では次のように記述されている[19]。

帳簿記録を行う納税義務者には，特別な行政上の取扱いを規定し，このような取扱いを希望する納税義務者は，正確な帳簿記録を行う意図があることを税務署に登録する。このような納税義務者は，他の納税義務者と区別するために異なった色の申告書の提出を認め，更正決定をする場合には明確な理由を示さなければならない，としている。

(ロ)　青色申告制度の導入

1950年2月15日現在の青色申告普及割合は，法人の届出割合が44％，個人営業所得者が約5％であった[20]。導入当時の青色申告制度は，以下に掲げるようないくつかの特典があった[21]。

①　これまで，税務当局が同業者比率等の資料に基づき行う更正・決定が正確でない場合もあったが，青色申告者については，帳簿書類を調査し，その調査により帳簿の誤りを指摘しない限り更正・決定はできないことになった。

②　繰越繰戻の控除が認められた。

二　会計の重要性

シャウプ勧告は，附録D「所得税及び法人税の執行」Eの附帯問題において

会計の重要性について言及している。ここでは，以下のような諸点が指摘されている[22]。

① 一定の資格を有する会計の専門家がほとんど存在しないことから近代会計技術を利用できる独立の会計専門家の制度を日本に発達させること。
② 長期の戦争の結果，外国における近年の進歩発達が継承できなかったことから，会計基準が甚だしく退化してしまった。
③ 大学等における会計学の教育の奨励（外国人教師の登用，日本の会計士の外国への視察等を含む）。

以上のことを整理するために，年表を整理すると次のとおりである。

1949年5月	シャウプ使節団来日（〜1949年8月26日）
1949年6月1日	旧大蔵省の外局として国税庁が設置された。
1949年7月9日	企業会計制度対策調査会が中間報告として「企業会計原則」を公表。
	日本公認会計士協会設立，第1回公認会計士試験実施。

以上の日程を見ると，シャウプ勧告に反映した会計の重要性については，同勧告の作成と企業会計原則の制定及び公認会計士制度の確立が同時並行的に行われていたということになろう。

　ホ　租税関係資料と租税法講座の開設

シャウプ勧告は，税法に関連する官庁資料の整備と，各大学の法学部において税法の講座を独立の科目として設けるべきと提言している。

　ヘ　小　括

シャウプ勧告を受けた1950年度税制改正では，減価償却の方法，棚卸資産の評価方法規定の新設等，所得金額の算定に係る規定の整備が図られたこと等があったが，本書との関係では，シャウプ勧告に対する評価は，日本の租税制度の近代化に大きく寄与したとする税法研究者と，同勧告に対してある種の対抗意識のあった国税関係者の2つのグループに分かれたといえる。

本書では，第1期（1887年〜1945年），第2期（1947年〜1952年），第3期（1960年〜1974年）という区分に基づいて分析を進めてきたが，国税関係者の発言力

が第3期に入ると次第に低下し，税法研究者がこれに代わる現象が生じるのである。このような傾向を作り出した原因の1つは，（政府）税制調査会にみることができる[23]。

◆注
1) 吉国二郎監修，大島隆夫・武田昌輔『戦後法人税制史（創立50周年記念）』税務研究会，1996年，担当市丸吉左エ門，31頁。
2) 平田敬一郎他共編『昭和税制の回顧と展望』（上巻）大蔵財務協会，1979年，293頁，平田敬一郎発言。
3) 武田昌輔『法人税回顧60年　企業会計との関係を検証する』TKC出版，2009年，7-9頁。
4) 平田敬一郎他共編『昭和税制の回顧と展望』（下巻）大蔵財務協会，1979年，220頁（村山達雄元主税局長談）。この見解以外に，池田勇人蔵相の書簡（福田幸弘監修『シャウプの税制勧告』霞出版社，435頁）に，当時の税制がインフレーションの昂進の実態にそぐわないこと等の理由から，納税義務者は正確な申告を行わず，税務署は，納税義務者の大半に更正決定を繰り返す事態であったことを述べている。
5) 武田昌輔，前掲書，11-13頁。
6) 吉国二郎監修，大島隆夫・武田昌輔，前掲書，32頁。
7) 同上，33頁。
8) シャウプ勧告に関する主要な論稿については金子宏「シャウプ勧告の歴史的意義―21世紀に向けて―」（租税法学会『シャウプ勧告　50年の軌跡と課題』『租税法研究』28号所収，有斐閣，2000年）2-3頁に記載されている。シャウプ使節団メンバーに関する研究は少ないが，福田幸弘監修『シャウプの税制勧告』霞出版社，454-465頁にはその記載がある。同書の454頁に記載されたメンバーの役割分担は，次のとおりである。

氏　名	職　業	年令	使節団における役割
Carl S. Shoup	コロンビア大学商学部兼政治学部大学院教授	47	団長，税制改正の全般的総括，総括
William Clements Warren	コロンビア大学法学部教授	40	納税者の救済，資産再評価，法人税
Howard Rothmann Bowen	イリノイ大学商業及び経営経済学部長	41	中央・地方税制の調整，再評価
Jerome Bernard Cohen	ニューヨーク市立大学経済学部教授	34	間接税，取引高税
William Spencer Vickrey	コロンビア大学政治学部大学院教授	35	所得税，法人税

| Rolland F. Hatfield | ミネソタ州セントポール収税庁税務調査局長 | 39 | 地方税 |
| Stanley Sterling Surrey | カリフォルニア大学バークレイ校法学部教授 | 39 | 審査請求，訴訟関係 |

9) 伊藤正直「戦後ハイパー・インフレと中央銀行」『金融研究』2012年1月，183頁。
10) 吉国二郎監修，大島隆夫・武田昌輔，前掲書，担当市丸吉左エ門，28-41頁。
11) 平田敬一郎他共編，前掲書（上巻），290頁，平田敬一郎発言。平田氏の国税関係者としての見解に対して，1947年税制改正について，「インフレ下の増税という側面をのぞけば，大体シャウプ勧告の不完全な先行的試みといえよう」という学界からの反応もある（林健久「シャウプ勧告と税制改革」東京大学社会科学研究所編『戦後改革・7・経済政策』東京大学出版会，1974年所収，210頁）。
12) 普通所得の税率の変遷は，1926年5％，1937年12.25％（内地法人），1940年18％，1942年25％，1945年33％，1946年35％（外国法人45％），1947年35％（武田昌輔『立法趣旨法人税法の解釈 四訂版』財経詳報社，1991年，5-8頁）。
13) 福田幸弘監修，前掲書，431-442頁。この書簡は，池田蔵相からシャウプ氏に宛てたものであるが，このような書簡の作成には国税関係者が事務方として関わるのが通常であることから，この書簡に記載された内容は当時の主税局の現状認識等と理解することができる。例えば，平田敬一郎氏は，1947年の改正が重要で，シャウプ勧告は1947年改正部分を補強し次に権威づけるという点が多かった，と発言している（平田敬一郎他共編，前掲書（上巻），290頁）。
14) シャウプ使節団の来日については，減税を主張していた当時の池田勇人蔵相がGHQに対して減税を主張することができないために，GHQで税務を担当していたハロルド・モス氏が米国の学者に日本の実情を見て減税を勧告してもらうプランを池田蔵相に持ちかけて使節団来日が実現したという見解がある（武田昌輔，前掲書，14頁）。この武田氏の見解に対して，大蔵省としては1949年度予算で減税をしたい意向であったが，ドッジ氏に握りつぶされたという見解もある（平田敬一郎他共編，前掲書（上巻），382頁の平田氏発言）。シャウプ氏の回想録（カール・S・シャウプ『シャウプの証言 シャウプ税制使節団の教訓』柴田弘文・柴田愛子訳，税務経理協会，1988年，12-14頁）では，ダグラス・マッカーサー連合軍最高司令官が日本の税制について憂慮していたことから，モス氏が使節団の来日を提案したとなっている。この回想録で印象的なことは，マッカーサー司令官がシャウプ氏に，「今までやったことのない課税手段を勧告して日本を実験台にする報告は困る。」と述べていることである。
15) 池田勇人『均衡財政』（1952年，実業の日本社）については，前述した武田昌輔氏の著書，金子宏氏の論文（金子宏「シャウプ勧告の歴史的意義」『租税法研究』28号，4-5頁）に引用されている。池田氏のシャウプ使節団に対する見解を列挙すると，次のとおりであ

る。
① シャウプ氏に来日してもらう案は1949年2月に池田蔵相がドッジ氏と減税交渉をして失敗したころからあった。
② 池田蔵相としては，シャウプ氏に別段日本の税制について理論的な勧告をしてもらうつもりはなかった。
③ GHQの税務のアドバイスをしていたモス氏は，税率が高いから納税義務者は過少申告をし，税務当局はこれを黙認するという現状に対して，税率の引き下げが米国国会やGHQ内の勢力関係上無理があるので，米国から誰か偉い人を呼んで減税の勧告をしてもらうことを意図した。この池田蔵相の見解に対して，金子氏は直接的な異を唱えてはいないが，シャウプ勧告を高く評価する税法学者としての立場と，国税関係者の見解には相違が見られるのである。

16) 平田敬一郎他共編，前掲書（上巻），大蔵財務協会，1979年，292頁，平田敬一郎発言。
17) 吉牟田勲『日本租税史の変遷』ジェイアイエス，1995年，117頁。シャウプ勧告は1947年9月であり，1947年度の改正に間に合わなかったことから，1947年の秋に「所得税法の臨時特例等に関する法律案」が国会に提案され，同年12月15日に公布された。帳簿制度に関しては大蔵省令第105号，国税庁告示第31号も同日実施された（村山達雄「青色申告とその実態」大蔵省他監修『新税詳解』所収，大蔵財務協会，88頁）。
18) シャウプ勧告第1次報告書（福田幸弘監修，前掲書の区分による）では，第1巻第6章法人，第2巻第7章，第4巻である。また，改正項目については，吉牟田勲，同上，118-120頁。
19) 福田幸弘監修，同上，414頁。
20) 村山達雄，前掲論文，88頁。
21) 青色申告制度については，日本税理士会連合会税制審議会「青色申告制度のあり方について―平成23年度諮問に対する答申―」において次のように記述されている。「導入当初は，事業者の記帳慣行が定着するまでの過渡的なものであり，恒久的な制度とは位置付けられていなかったものと考えられる。」
22) 福田幸弘監修，前掲書，407-412頁。
23) 税制調査会の初代会長は，中山伊知郎氏（在任期間1959年～1965年），2代会長は，東畑精一氏（在任期間1965年～1974年）といずれも経済関係の学者が就任している。また，同時期の1959年に日本租税研究協会が「税制研究会」を設置し，その報告書は日本租税研究協会『税制改革の基本方針』（1961年）にまとめられている。

「税法と企業会計原則との調整に関する意見書」

1 「税法と企業会計原則との調整に関する意見書」の背景

　本章の検討対象である「税法と企業会計原則との調整に関する意見書」(第1次調整意見書)までの経緯は，以下のとおりである。

1948 (昭23)	公認会計士法成立(昭和23年7月6日法律第103号)
1949 (昭24)	経済安定本部財政金融局「企業会計基準法(案)」を作成(1月28日)
	シャウプ使節団来日(5月10日〜8月26日)
	経済安定本部の企業会計制度対策調査会が中間報告として「企業会計原則」を公表(7月9日)。
1950 (昭25)	証券取引法改正(この法律の規定により提出される貸借対照表，損益計算書その他の財務計算に関する書類は，証券取引委員会(後日大蔵大臣に改正)が一般に公正妥当であると認められるところに従って証券取引委員会規則(後日大蔵省令に改正)で定める用語，様式及び作成方法により，これを作成しなければならない)(証取法193条)。
	経済民主化政策の一環としての株式会社法に米国法にある資金調達の便宜，・会社運営の合理化，・株主の地位の強化等が盛り込まれた。
1951 (昭26)	経済安定本部企業会計基準審議会中間報告「商法と企業会計原則との調整に関する意見書」
1952 (昭27)	経済安定本部企業会計基準審議会中間報告(小委員会報告)「税法と企業会計原則との調整に関する意見書」

2 企業会計原則の制定

　企業会計原則が制定された目的は，企業会計原則前文にあるように，日本の企業会計制度が欧米と比較して改善の余地が多く，かつ，著しく不統一であったことから[1]，企業の財政状態及び経営成績を正確に把握することが困難な実情にあり，企業の健全な進歩発達のためにも，社会全体の利益のためにもこのような弊害が改められることが強く要請されたこと，外資の導入，企業の合理化，課税の公正化，証券投資の民主化，産業金融の適正化等合理的な解決をするためであり，企業会計制度の改善統一は緊急を要する問題であるとしている。

　そして，企業会計原則は，将来において，商法，税法，物価統制令等の企業会計に関係ある諸法令が制定改廃される場合において尊重されなければならないものともしている[2]。

　また，企業会計原則は，企業会計の実務の中に慣習として発達したもののなかから，一般に公正と認められたところを要約したものという帰納法により作成され[3]，必ずしも法令によって強制されないでも，すべての企業がその会計を処理するのにあたって従わなければならない基準である。

　GHQの監督下にある1949年に企業会計原則が制定された理由は，日本経済の自立化を目標にして，戦争で破壊されたインフラ整備等に外資導入が必要であったこと等から，企業会計制度の改善統一が緊急課題となったためである。

　日本では，企業経営に関連する法規として，商法，税法等という既存の制度が企業会計原則という新制度に先駆けて制度化されている。さらに，商法，税法が強行規定であるのに対して，企業会計原則制定時では，企業会計原則に準拠して制定された「財務諸表等の用語，様式及び作成方法に関する規則」（財務諸表規則）が有価証券報告書を作成する際に強制されることから，企業会計原則は，財務諸表規則を通じて適用を強制されることがあったが，企業会計原則自体の法制化は行われなかったのである。

　企業会計原則の目的は，企業自体の保護ばかりでなく，企業に対する利害関係者の利益の保護である[4]。また，後述する商法或いは税法との関連を論じ

る場合，企業会計原則が単なる計算技術ではなく，社会的判断の体系であるとする見解もある[5]。

3 「商法と企業会計原則との調整に関する意見書」

「商法と企業会計原則との調整に関する意見書」（以下「商法意見書」という）は，1951年9月28日に経済安定本部企業会計基準審議会中間報告として公表されたものである。

商法意見書と関連する項目は，次のとおりである。

商法における株式会社の計算規定の整備が図られたのは，商法意見書公表後約10年を経過した1962年で，ここでは，資産評価に原価主義を導入，繰延資産の範囲拡大，引当金の容認が規定されたのである。

1951年までの商法の沿革は，1890（明治23）年の商法の公布から始まり，1899（明治32）年の新商法の公布以降，1911（明治44）年の会社法制に係る改正では財産評価に従前の時価主義に代わって時価以下主義が導入され，1938（昭和13）年の改正では，株式会社関係の改正が行われて，債権者保護及び株主保護の強化等が行われた[6]。

商法意見書は14項目の調整意見を掲げているが，本章に関連する項目は，以下のように絞ることができる[7]。

① 財産目録と計算書類
② 評価問題
③ 費用損失の処理

（1）財産目録と計算書類

商法第33条の規定によれば，会社は成立時及び毎決算期に財産目録及び貸借対照表を作成することが要求されているが，会社は，毎決算時に財産目録から貸借対照表を作成することはできないことから，商法意見書項目6では財産目録の作成を削除する調整意見を掲げている[8]。また，意見書第6の「計算書類の作成」の項では，損益計算書，貸借対照表等の計算書類は，正規の会計原

則に従って作成すべき旨の規定を設けることが記述されている。商法意見書の同項における理由では，上記のような規定を設けることが計算書類に関する商法の白紙的規定（商法に規定がない部分）を健全な会計慣行に適応せしめることになる，と説明している[9]。

（2）評価問題

商法意見書は，商法上の財産評価原則を詳細に規定して会計原則に一致させることとし，特に，固定資産の評価には減価償却をすること，棚卸資産については，原価主義又は低価主義の選択を認めるとしている。

（3）費用等の処理

当時の商法で認められていた繰延資産は，創業費，新株発行費，社債差額，建設利息であるが，これらに加えて，社債発行費用，開発費，試験研究費を認めるべきとしている。また，所定の臨時巨額の損失については，繰延計上して一定年限内に償却するとしている。

（4）小　括

1951年に公表された商法意見書は，第1次調整意見書に先立って公表されている。その背景としては，商法との調整後に税法との調整を行うという意見があった模様である[10]。

企業会計原則は，単なる会計技術の進化だけではなく，会計の近代化をもって社会に貢献するというフロンティア・スピリットに満ちたものといっても過言ではないものである。例えば，第1次調整意見書の前文では，「商法及び税法の諸規定のうち，企業会計に関係ある部分につき，これらの法体系と会計原則の根本精神とを調和させておく必要がある。」と述べ，さらに，「企業会計における最善の実務と商法及び税法における会計に関する諸規定との間の矛盾対立を調整することは「企業会計原則」設定の本来の目的の1つでなければならない。」と述べ，企業会計原則が旧体制にある諸制度の進展に指導力を発揮することを目的としているとも読めるのである[11]。

会計サイドから見ると，商法の計算規定が，債権者保護（財産計算目的）と

配当可能利益の恣意的操作防止というある種の旧式ともいえる内容に対して，企業会計原則は，新しい立場から損益計算目的で利害関係者に対する情報提供機能と異なる目的を有しているのである。1950年の商法改正は，旧来のドイツ型の規定から米国型の株主重視の規定を取り入れたものである。その意味では，全面的に米国の影響下にある企業会計原則と，米国の影響を一部受けた商法という見方もできるが，商法は，伝統重視の姿勢から抜け出せず，商法意見書の段階では，両者の乖離は縮まっていない。

4　第1次調整意見書

(1) 経済安定本部の役割[12]

　企業会計原則は，経済安定本部企業会計基準審議会中間報告として作成公表されている。この経済安定本部は，1946年に経済安定本部令（昭和21年勅令第380号）により設置され，1952年に廃止されている。経済安定本部の役割は，本部令第1条では，「経済安定本部は，内閣総理大臣の管理に属し，物資の生産，配給及び消費，労務，物価，金融，輸送等に関する経済安定の緊急施策について，企画立案の基本に関するもの並びに各庁事務の綜合調整，監査及び推進に関する事務を掌る。」となっており，戦後の混乱期に，経済安定，物価統制，経済統制の確保，外国人の投資や事業活動等に強い権限を行使したのである。

　このようなGHQの権限をバックにした経済安定本部の審議会が作成した企業会計原則は，ある種の政治的な意義を持っていることから，対商法，対税法に対する意見書には，このような理論的な側面ばかりでなく，当時の日本経済立て直しという外的な要因も加味して考える必要があるように思われる。

　見方を変えれば，すでに述べた第1次調整意見書の前文にある，「商法及び税法の諸規定のうち，企業会計に関係ある部分につき，これらの法体系と会計原則の根本精神とを調和させておく必要がある。」とする発想は，企業会計原則が，法的強制力を持って商法及び税法へ影響を及ぼさないが，ある種の政治

的な背景がこのような前文になったものと思われる。

税法に関していえば，大蔵省主税局の牙城であった税法に対して，GHQは，経済安定本部による審議会ではなくシャウプ勧告を行った。会計分野では，戦前の会計原則の不統一を，GHQ➡経済安定本部➡企業会計原則，という関連で，企業会計原則を戦後経済の安定化の名の下に，専門分野ではなく，外的な要因（経済安定本部の政治的影響力）により力を与えたと見るのも1つの視点といえよう。

（2）第1次調整意見書の背景

上記（1）の一部と重複するが，第1次調整意見書の背景として，次の2つの流れがあったといえる。

第1は，戦後の税制及び税務行政の安定化➡GHQの関与➡シャウプ勧告➡1950年シャウプ税制，という流れである。税法改正では，GHQは経済安定本部の審議会のような外部組織に委ねることはなかった。その理由としては，税法の研究者が育っていなかったこともあり，後年の税制調査会の役割を果たす組織が組成できなかったことが考えられる。

第2は，企業会計原則制定の経緯で，戦前の会計原則の不統一➡日本経済の自立化（GHQの政策）➡経済安定本部➡企業会計原則，ということになる。

この両者を比較すると，会計学界には，企業会計原則設定をすることができる人材がいたのに対して，税法分野では，国税専門家は多く存在したが，理論的研究を指導する税法研究家が少なかったといえるのである。

この上記2つの経緯を比較すると，背景として隠れているものの，対立は，税法（大蔵省）対企業会計原則（経済安定本部）という構図が透けて見えるのである[13][14]。そして，第1次調整意見書は，経済安定本部企業会計基準審議会中間報告（小委員会報告）として公表されている。

（3）第1次調整意見書の意義

ここまでの検討において，第1次調整意見書を巡る企業会計側と税法側のそれぞれの立場を，次のように分析した。

企業会計側は，戦後の経済復興と民主化を目標としてGHQとその援護を受

ける経済安定本部のバックアップの下で,本来,コモンローの世界で進展した企業会計原則に対して,成文法の意識が強い会計理論家が,企業会計法の制定を目指したが挫折したのである。

次に,企業会計原則の法制化に失敗した会計理論家は,会計原則の根本精神或いは新しい会計理論(損益計算重視の近代会計学)に立脚して,企業会計原則の制定,商法意見書,そして第1次調整意見書の作成と続き,企業会計原則による商法或いは税法の改正という姿勢である。このような企業会計原則の力の根源は,GHQとその援護を受ける経済安定本部のバックアップにあるというのが本書における分析である。

これに対して,明治時代に制定され,その後変遷を経てきた商法と税法は,前者が法務省管轄,後者が大蔵省管轄で,前者には,法の継受を受けたドイツ法からの影響を受けた商法研究家が多く,後者には,大蔵省主税局勤務を経験した国税関係者が強い自負心をもって,1950年のシャウプ勧告何するものぞという意気込みであった。

企業会計側にとって,他の官庁よりも強い権限を有する経済安定本部の後ろ盾が力の根源であるが,結果として当初の意図するとおりにはならなかったのである。

(4) 第1次調整意見書前文のポイント

ここまでにすでに引用した箇所もあるが,第1次調整意見書の前文におけるポイントを列挙すると,次のとおりである。

① 会計原則の確立と維持を図るためには,商法及び税法の諸規定のうち,企業会計と関係のある部分につき,これらの法体系と会計原則の根本精神とを調和させておく必要がある。

② 企業会計における最善の実務と商法及び税法における会計に関する諸規定との間の矛盾対立を調整することは「企業会計原則」の設定の本来の任務の1つでなければならない。

③ 税法は,国家の財政政策及び租税政策を反映するものであって,企業会計原則との間に完全な一致を期待しえない部分が,理論的にも実際的にもあり得る。本意見書は,企業会計原則の立場から調整を希望する問題点を

提起し，解決の方向性を示唆したに過ぎない。

（5）第1次調整意見書の項目

イ　総論の構成

総論部分は，第1が，「租税目的のための会計原則の適用」，第2が「資本剰余金と利益剰余金の区分」であり，第1の部分には，以下のような項目がある。

① 　発生主義の原則の適用
② 　実現主義の原則の適用
③ 　費用収益対応の原則の適用
④ 　継続性の原則の適用

第2の部分には，以下のような項目がある。

① 　資本取引から生ずる剰余（資本剰余金）
② 　資本的資産の取引から生ずる利得（キャピタルゲイン）

ロ　各論の構成

各論は，第1に「損益の期間的割当の問題」，第2に「資本剰余金の問題」に分かれており，第1には9項目，第2にも9項目が掲げられている。

ハ　税法との調整

総論部分では，公正妥当な会計原則に従って算定される企業の純利益は課税所得の基礎をなすものであることから，税法上における企業の所得の概念は，企業の利益から誘導されたものである，と述べている。

法人税法は第9条に「内国法人の各事業年度の所得は，各事業年度の総益金から総損金を控除した金額による。」と規定している。そして，第9条に規定のある総益金とは，法人税法取扱通達の第2章第1の51と52に「総益金とは，法令により別段の定めのあるものの外資本の払込以外において純資産増加の原因となるべき一切の事実をいう。」と「総損金とは，法令により別段の定めのあるものの外資本の払戻又は利益の処分以外において純資産現象の原因となるべき一切の事実をいう。」と定義されている。

(6) 第1次調整意見書への批判と擁護

　第1次調整意見書について，各論部分の細部よりも，企業会計原則総論部分にある「企業の所得が継続的に適用される一般に認められた会計原則に立脚して算定されなければならない」「会計原則に従って算定される企業の純利益は課税所得の基礎をなすものである」とするに対して直截的な批判がある。
　この批判をした田中勝次郎氏は，企業会計原則を以て至上原則とする考え方に誤りがあると指摘している[15]。
　具体的には，上記に引用した文言に対して，次の2通りの意味にとることができるとしている。
　①　できるだけ会計原則を採用すべきであるという意味
　②　必ず会計原則を採用すべきであるという意味
　田中氏の主張するところでは，今回の意見書は，上記②の意味の至上原則であるから，税法もこれに従わなければならないと前置きして，具体的な問題に触れているが，これは税法の個性を無視した行き過ぎの論である，としている。さらに，田中氏は「税法の本質にあまり通じない人々によって作成された意見書」という認識も示している[16]。
　田中氏の会計原則を至上原則とする考え方は，第1次調整意見書に関する座談会において関西学院大学教授の青木倫太郎氏は会計の立場から次のように述べている[17]。
　「私は日本の税法が純粋会計理論の勉強が足りない。企業会計の理論が持っている根本諸概念を税法の作成者に勉強して貰いたいという希望を持っています。」
　また，山下勝治氏（神戸大学教授）は，同じ座談会において次のように発言している[18]。
　「税法もフランクに会計理論の立場を理解するという方向に今後の努力が望ましいと思います。」
　以上のように，田中氏の主張は，当時の国税関係者等の意見を代表するものと考えて差し支えないと思われる。その根拠は，第1次調整意見書に基づいた税制改正等はその後に行われなかったからである。

また，会計専門家である青木氏，山下氏の発言も，当時の会計サイドの意見を代表しているものと理解することができる。

（7）企業会計と税法の一致は必要か

イ　企業会計と税法の相互の距離感

上記（6）において，田中氏は，会計専門家を「税法の本質にあまり通じない人々」と皮肉を込めて記述しているが，税法から企業会計への距離と，企業会計から税法への距離が必ずしも等間隔とはいえないように思われる。

税法（法人税法）では，企業利益の算定が課税所得計算の前提となることから，両者の差異は申告調整することで，両者の一致にそれほどの必要性を感じていないものと思われるが，理論的側面として，発生主義会計，実現主義，費用収益対応の原則等のいわゆる近代会計学における動態論については，税法と少し距離があったものと思われる。

他方，会計専門家は，企業会計の理論に従って理論的側面で遅れている税法を改正するというのがその主張である。しかし，会計専門家でもその主張に多少の相違がある。例えば，税法に理解を示す企業会計原則の起草者の1人である岩田巌氏は，次のように述べている[19]。

企業利益と課税所得は必ずしも一致するものではなく，課税所得の基礎は一般に認められた会計原則による企業所得に求むべきで，税法における所得の決定について，税務上独自の会計原則があるべきではない。

税法では，企業会計を理解せざるを得ない場合もあり，実務的にはその距離感は近いといえるが，会計理論とは少し距離があったといえる。他方，会計専門家は，税法に精通している者が少ないといえる。例えば，後年のことではあるが，1967年の企業会計審議会における「連結財務諸表に関する意見書」において，税法の諸制度との調整を図る意味で，連結納税制度を採用する方向の検討を示唆しているが，連結財務諸表と連結納税制度は，連結納税制度が連結法人の範囲に外国子会社を含まないことから，連結利益から連結課税所得が誘導できないことを理解していたのか疑問を感じている。

□ 両者の一致問題

　日本の場合は，理論的に進展している企業会計の理論を税法も取り入れるべきという論理が展開したのであるが，米国の場合は，企業の財務諸表監査と税務申告の双方を担当する公認会計士からの要望で，税務申告における修正箇所を少なくしてほしいという観点から1954年内国歳入法典全文改正の際に，両者の一致が検討されたが，引当金の損金算入で意見が分かれて，税法は内国歳入法典第446条により企業会計の実務を尊重する立場を取り，企業会計側は，財務諸表に対する税の影響を排除するために税効果会計に傾斜するのである[20]。

　現行の法人税法に規定のある「損金経理」については，1965年の全文改正以降のことであることから，税法の規定が企業会計の処理に影響を及ぼすという「逆基準性」の問題が，第１次調整意見書では顕在化していない。両者を一致させるという見解は，田中氏の説明にある「必ず会計原則を採用すべきである」という意味に解さざるを得ないのである。

　見方を変えれば，企業会計原則の法制化をあきらめた会計専門家は，企業会計原則が商法，税法に対して理論的な指導力を持たないとその存在意義が問われると考えたのではないかと推測している[21]。

5　第１次調整意見書を巡る忠・黒澤論争

（１）対象となった論文

　本項の見出しは，第１次調整意見書を批判する忠佐市氏とこれを擁護する黒澤清氏の間において両者の意見が対立した様相を以下でまとめるものである。見出しにあるように，両者が丁々発止と論争したという経過ではなく，忠氏の論文を受けて黒澤氏が反論するというものである。なお，後年になって第１次調整意見書に関する論評が出されているが，本項では，その範囲を同時期の論稿に検討を絞った。

　以下は，両者の第１次調整意見書に関する論稿であるが，まず忠佐市氏（当時：国税庁調査査察部長・安本企業會計基準審議会臨時委員）の論文を掲げる。

① 「税法と企業会計原則との調整に関する意見書（小委員会報告）の批判（一）」『財政経済弘報』324号，1952年6月30日。
② 「税法と企業会計原則との調整に関する意見書（小委員会報告）の批判（二）」『財政経済弘報』325号，1952年7月5日。
③ 「税法と企業会計原則との調整に関する意見書（小委員会報告）の批判（三）」『財政経済弘報』326号，1952年7月7日。
④ 「税法と企業会計原則との調整に関する意見書（小委員会報告）の批判（完）」『財政経済弘報』327号，1952年7月14日。
⑤ 「税法と会計原則との基本的課題」『會計』62巻3号，1952年8月。
⑥ 「税法調整意見書の示唆するもの」『産業経理』12巻8号，1952年8月。

忠氏以外に，国税専門家の立場から以下の論文がある。
⑦ 吉国二郎「税法と企業会計原則—両者の調整に関する企業会計基準審議会小委員会の報告を中心に—」『産業経理』12巻8号，1952年8月。なお，当時，吉国氏は，国税庁法人税課課長，企業会計基準審議会幹事である。
⑧ 泉美之松「損益の期間的割当の問題について」『會計』62巻3号，1952年8月。なお，当時泉氏は大蔵省主税局調査課長である。

黒澤清氏の論文は，以下のとおりである。
① 「税法と会計原則（一）—税法と企業会計原則との調整に関する意見書の批判的解説—」『財政経済弘報』328号，1952年7月21日。
② 「税法と会計原則（二）—税法と企業会計原則との調整に関する意見書の批判的解説—」『財政経済弘報』329号，1952年7月28日。
③ 「税法と会計原則（三）—税法と企業会計原則との調整に関する意見書の批判的解説—」『財政経済弘報』330号，1952年8月4日。
④ 「税法と会計原則（四）—税法と企業会計原則との調整に関する意見書の批判的解説—」『財政経済弘報』331号，1952年8月11日。
⑤ 「税法と会計原則（五）—税法と企業会計原則との調整に関する意見書の批判的解説—」『財政経済弘報』332号，1952年8月18日。
⑥ 「税法と会計原則（完）—税法と企業会計原則との調整に関する意見書の批判的解説—」『財政経済弘報』335号，1952年9月1日。
⑦ 「会計原則と税法との調整に関する基本的見解」『産業経理』12巻8号，

1952年8月。
⑧ 「税法と会計原則問題序説」『會計』62巻3号,1952年8月。
　上記以外に,第1次調整意見書擁護の立場からの論稿としては,次のものがある
⑨　岩田巌「意見書の基本的要望」『産業経理』12巻8号,1952年8月。
52年意見書の公表日は,1952年6月16日である。

(2) 論点の整理

　詳細は定かではないが,前掲の忠氏の財政経済弘報掲載分は,税務職員のための第1次調整意見書に関する講演記録のようである。忠氏の意見の多くは,当時の国税関係者の意とするところを集約しているとみて差し支えないものと思われる。

　黒澤氏は,この忠氏の4回にわたる批判文の掲載を受けた形で,忠氏と同じ財政経済弘報に6回掲載されたものである。

　ここに両者の見解を論争という形で取り上げるのは,第1次調整意見書がその後の税制改正に表面的には反映していないが,当時の国税関係者にとっては,自己の専門分野に対する他分野からの批判をあまり受けてこなかったことから,国税関係者の目を企業会計に向けさせた功績はある。

　ここでは,企業会計原則の制定から第1次調整意見書にかけての時期における,企業会計と税法の実相を明らかにすることを焦点とする。そこで,両者の論稿では,多くの個別的な問題まで言及されているが,以下は,両者の間にある基本的な事項に論点を絞ることとする。なお,以下(4)以降における表示は,忠氏①〜⑥,黒澤氏①〜⑧とする。

(3) 米国の会計士会計学への理解

　以下において論点整理をする前に,論点部分の地ならしとして,米国会計学の特徴の一端を筆者なりにまとめる。会計専門家と国税関係者が互いの見解を披歴した背景として,米国の会計学事情に対する距離感の相違がある。簡単にいえば,会計専門家側は,既知のものとして使用している用語について,国税関係者は,丁寧な説明が不足しているという言い分である。

両者の議論の対象となったのが，第1次調整意見書における「企業会計原則」「公正妥当な会計原則」「一般に認められた会計原則」という用語に関する理解である。

ここで再度確認すると，企業会計原則は1949年制定である。

米国の会計の特徴は，会計士会計学として発展したことである。会計士会計学とは公会計士の立場で考えた会計学と述べられているが[22]，例えば，19世紀から20世紀にかけて活躍したディクシー（Dicksee, Lawrence R.），ピックスレー（Pixley, F. W.），モンゴメリー（Montgomery, Robert H.），ディッキンソン（Dickinson, A. Lowers）等の各氏の著書，論文或いは講演等が，会計士会計学を代表するものであり，彼らに続くその後のメイ（May, George O.）会計士の活躍がある。メイ会計士の著書ではないが，会計実務の経験から蒸留したものが会計士会計学を形成したのである。

20世紀初頭から1920年代終わり辺りまでの時代区分が，会計士会計学の時代といえるものと考えられるが，その特徴は，理論面では貸借対照表を中心とした静態論といわれる時代であり，会計実務では保守主義に基づく会計処理が行われた時代である[23]。

他方，会計理論面としては，後の米国会計学会（以下「AAA」という）の前身である米国会計学担当大学教師協会（American Association of University Instructors in Accounting）が1916年設立されている。そして，1926年には，同協会の機関誌であるAccounting Reviewが創刊されている。そして，1920年代におけるペイトン氏の著書等が[24]，1930年代の米国会計基準に受け継がれるのである。

米国における制度会計としては，1933年に「連邦証券法」，1934年に「連邦証券取引法」が整備され，後者の法律により証券取引委員会（SEC）が設立された。ここに，公認会計士の監査証明書を添付した財務諸表等をSEC及び証券取引所に提出することが義務付けられ，この公認会計士の判断の基準としての会計原則の制定が必要になったのである。その意味で，1930年代の会計原則の制定を含む会計の特徴は，制度会計ということができる。したがって，会計上の諸原則を含む会計慣行の存在が法律において認知されたのは，1930年代以降といえるのである。

会計原則としてまとめられたのは，1936年のAAAの試案，1941年の改訂版，そして1948年の改訂版となり，その間の1940年にペイトン・リトルトン両氏の共著である『会社会計基準序説』が刊行されている[25]。

　このAAAの活動とは別に，1938年に米国会計士協会（AIA）の依頼で作成されたSHM会計原則がある[26]。

　この辺りの事情について，井上達雄氏は，日本の会計実務は，不統一で改善の余地も多かったことから，そのうちから慣習として発達したものをもって原則を作ることはできず，特に，米国の会計実務のうちに慣習として発達したもののなかから，適用と考えるものを抽出して，日本の会計実務のそれと一体として構成することにした，と述べている[27]。

　以上のことから，長い会計実務の経験と会計士会計学の歴史のある米国では，「公正妥当な会計原則」「一般に認められた会計原則」は，企業会計における常識の部分であり，これらの一部をまとめたものが，企業会計原則となるのである[28]。

（4）論点1（企業会計原則が至上原則なのか）

　忠氏は，企業会計原則の理論を一貫せしめた立場から，税法と企業会計原則との不一致についての調整を論じる点については理解を示しているが（忠氏⑤68頁），企業会計原則を与えられた至上のものとして，そちらの方へ税法を引きつけてしまうという感じ，さらに，会計原則の考え方が税法の所得計算を支配しているのだと思わせるようないい廻し（忠氏①1頁），について反発している。

　また，税法には税法としての租税目的観があり，企業会計とは立場が違い，方法論が違うことから，一方が他方を支配するという見解は受け入れ難いと述べている（忠氏①2頁）。

　この件に関して，会計原則は税法に優先するものであるというごとき謬想を，第1次調整意見書は毛頭持っていない（黒澤氏①1頁）。また，税法の立場からの批判は心理的な要因に存するとしている（黒澤氏⑧2頁）。

　この論点1については，国税関係者は第1次調整意見書に関心を示しながらも，税制改正に反映させていないことから，会計原則の考え方が税法の所得計

算を支配していると思わせるようないい廻しから，国税関係者等における心理的な要因が反対に走らせたともいえる。

国税関係者は，第１次調整意見書が税法を支配するかのような意見を述べていることに反発し，黒澤氏は，それが誤解であると反発しているが，それぞれの側の意見は，平行線をたどっているというのが客観的な立場からの評価といえよう。

（５）論点２（一般に認められた会計原則の意義）

第１次調整意見書の総論では，企業の所得が，「継続的に適用される一般に認められた会計原則」に立脚して算定されなければならない，と記述され，さらに，税法における所得計算の基本理念もまた究極において「一般に認められた会計原則」に根拠を求めなければならない，としているが，この「一般に認められた会計原則」とは何かという説明はない。

忠氏は，この点を指摘し，「一般に認められた会計原則」或いは「確立した会計原則」における「確立された」或いは「一般に認められた」というには，それだけの社会的評価が備わっていなければならないはずであり，その社会的評価がいかに行われたのであろうか，と疑問を提示している。

黒澤氏は，「一般に認められた会計原則」と企業会計原則が同じものであるのかという点について明確に答えず，企業会計原則に不備があることを理由に反発する国税専門家に理解を示しているのである（黒澤氏⑧４頁）。

この論点について，後の1967年の法人税法第22条第４項（公正処理基準）の創設時に忠氏の指摘と同様の見解が述べられるのであるが，説明としては，前出（３）における井上達雄氏の説明が明確にこの論点を説明しているといえる。企業会計原則の起草に関して中心となった黒澤氏は，立場上，井上達雄氏のように「一般に認められた」というのは，米国の会計実務のうちから慣習として発達したものを指すとまでは言い切れなかったものと思われる。また，批判する側も，米国の会計士会計学への習熟度が足りなかったように思われる。

（６）論点３（発生主義会計）

第１次調整意見書の「発生主義の原則の適用」の項において，「発生主義に

基づく会計帳簿は，発生の事実すなわち一定の取引原因に従って会計記録を行うにあたり，実現の事実の認識や費用収益の期間的対応というごとき会計的判断を併せ適用していることが明らかである。」と記述されている。

　この記述について，黒澤氏は，発生主義会計と発生主義は区別され，発生主義会計には，発生主義の基準，実現主義の基準，費用収益対応の基準が含まれているという解釈を示している（黒澤氏⑧6頁）。

　ここにおける論点は，第1次調整意見書が税法における権利確定主義を批判したことである。例えば，税務上における発生主義の解釈として権利確定主義が採用されているが，権利確定主義は，健全な会計慣行における発生主義と若干の点で一致しない場合があり，企業の合理的運営に影響するきらいがある，として，権利確定の基準を課税所得の検証の方法であり，所得計算の原理ではないと述べている。

　また，所得計算では，当時の法人税取扱通達の第2章第1の51及び52の規定のある純資産増加説と併せて，権利確定主義と純財産増加説が税法における所得計算原則という理解が第1次調整意見書の起案者から示されたのである。

　この件に関する忠氏の主たる主張は，次のとおりである（忠氏②1頁）。
① 　純財産増加説は，所得の概念規定を行う場合の基本的な考え方を指し，それが直ちに所得計算原理になるものではない。
② 　税法は，純資産増加説と権利確定主義しか持たない，という考え方は，偏狭に過ぎていたずらに真相の解明を妨げるものである。
③ 　税法の雑多な規定や解釈のなかから，期間的損益配分の原則として，企業会計原則の持つ体系として考えられている内容がすでに入っている（忠氏①3頁）。

これに対して，黒澤氏は次のように述べている。
① 　税法は発生主義を解するに，権利確定主義という基準と，純資産増加説という概念を用いたのである（黒澤氏②11頁）。
② 　ある論者は，今日の税法は，権利確定主義のごときものを採用していない，正しい期間損益配分の原則の上に立っている，この点では今さらいわゆる会計原則の発生主義の尺度のごときものを押し付けられる理由はないというごとき議論をしている（黒澤氏⑧11-12頁）。

③ 発生主義会計は実現主義を確立することにより,古い権利確定主義から離脱したのである。

　ここまで,論点1が企業会計側からの意見の押し付けに対する税法側の心理的な反発であり,論点2が米国会計学への知見の不足と,米国の会計実務からの慣習をベースにしたと明言できない企業会計起案者の苦しい立場が議論を混乱させたと理解できる。論点3は,現在の法人税法の解釈にも一部参考になる部分があるが,黒澤氏の論拠は,税法の原則を大胆にまとめたことで,若干理論的に無理があるのである。第1次調整意見書から約70年近く経過した現在においても,実現主義が権利確定主義に代わったということが定説になっていないからである[29]。

(7) 論点4(資本剰余金と利益剰余金)

　資本と所得を区分する原則は,企業会計及び税法に共通する原則である。第1次調整意見書において,その後の企業会計と税法との関係に対して寄与する部分がないのが,この論点4である。

　税法では,資本等取引以外の取引からの収益は益金となるという原則は,現在も維持されており,むしろこの分野において理論的に整備されていないのは企業会計である。また,キャピタルゲインに関する記述は,当時の法人税法が分離課税等を採用していたことから,その調整を提言している。

(8) 小　括

　忠,黒澤両氏の論争は,当然に,両氏の個人的見解も含んだものであることから,少し整理して分析する必要がある。

　例えば,論点3に関するもので,武田昌輔氏は,1899(明治32)年の法人課税に関する規定に総益金及び総損金があり,その後の展開においても法的アプローチが採られて,収益及び費用の計上について,権利確定主義,債務確定主義が基本的な基準であり,損益計算における費用収益対応の原則は重視されず,課税所得の計算が純資産増加額によって支配されていた,と述べている[30]。

　もう1つの検討要素は,1950年にシャウプ税制という税制改革が行われたことである。例えば,第1次調整意見書において批判を受けた貸倒準備金制度が

税制改革の成果である。

　国税関係者にとって，1947年の税制改正を高く評価し，シャウプ勧告を少し抵抗を持って受け入れ，GHQとの関係から1950年に税制改正を行ったところ，さらに，1952年に企業会計側から，企業会計を至上原則とするような意見書が出されたことで，心理的な要因で抵抗感があったというのが当時の状況であろう。

　しかし，国税関係者の自負するところとは別に，法人税法の計算原則に旧態依然たる内容が存続していたことも事実であり，国税関係者もその一部は認めざるを得ないところであった。

　ここから税務会計に関する議論は始まったともいえるのである。

◆注
1）　日本における企業会計原則前の会計原則には，次のものがある。黒澤清「会計原則の制度的意義」3-4頁，平井泰太郎編『企業会計原則批判』所収，國元書房，1950年。
　①　商工省財務管理委員会「標準財務諸表準則」（略称：財管準則）1934年。
　②　企画院財務諸表統一協議会「製造工業統一財務諸表準則草案」1942年。
　　黒澤氏は上記の財務諸表準則は，会計の技術的改善であり，会計思想の裏付けがなかったと述べている。
　　また，実務上では，上記①と②が混在していたという見解もある（内田常雄「企業會計に関する「安本準則」公表の意義」『産業経理』9巻8号，5頁）。確かに内田氏が指摘するように，企業会計原則が戦前の各企業バラバラの基準により会計処理を統一する役割はある。
　　別の見解としては，1947年12月にGHQから「工業会社及ビ商事会社ノ財務諸表作成ニ関スル指示書（インストラクション）」が出され，当時の主要な商工業会社の財務諸表がバラバラであったことからGHQが政府に「会計原則」を作るよう指示したというものもある（武田昌輔『法人税回顧60年―企業会計との関係を検証する』TKC出版，2009年，100頁）。黒澤氏は，GHQの指示で企業会計原則が制定されたのではないこと，特に，モデルとなった欧米の会計基準についても特定化する発言はしていない（田中章義他『インタビュー日本における会計学研究の発展』同文舘出版，1990年，356-374頁）。
2）　黒澤氏は，商法については，商法の成文規定から財産目録を排除し，財産目録に支配されていた貸借対照表をこれから解放し，経理の重点を損益計算に置換えなければならないという見解が有力とし，税法については，近代的税法の会計原則による基礎付けが課題としている（黒澤清，同上，4-5頁）。

3) 日本において会計原則を作成するにあたり，日本に会計実務のうちに慣習として発達したもののみをもって原則を作ることができないことから米国の会計実務のうちに慣習として発達したものの中から抽出し，日本の会計実務と一体として構成するものとしたのである（井上達雄『企業会計原則の解明』酒井書店，1972年，2頁）。
4) 井上達雄，同上，7頁。
5) 黒澤清，前掲論文，6頁。
6) 減価償却を容認する規定が設けられた（神森智「会計と商法の相互干渉」『松山大学論集』17巻1号，2005年，220頁）。
7) 日本の商法のルーツが仏独であるのに対して，企業会計原則はそのルーツが米国である。この両者の比較において，このような表面的な相違だけではなく，両者の相違は，その目的に基因している。
8) 財産目録は1974年の商法改正（改正商法第32条及び第33条）で商業帳簿の規定から削除された。このような動向に対して，会計帳簿と財産目録は会計の原点であるという主張もある（安藤英義「会計帳簿と財産目録－会計の原点とその現状－」『専修商学論集』105号，2017年7月）。
9) 米国は会社法が州法であることから，会社法の企業会計への影響が少ないが，英国は，1948年会社法で「真正かつ公正な概観（true and fair view）」という包括的な規定がある（矢内一好『英国税務会計史』中央大学出版部，2014年，148-150頁）。
10) 神森智，前掲論文，227頁。
11) 当時の会計専門家（太田哲三，黒澤清，岩田巌，鍋島達等）は，企業会計原則制定前に，「企業会計基準法」及び「企業会計基準協議会」の設立を目論んだが，各省の干渉等があり，実現しなかった。その背景には，企業会計原則が他の法令に指導力を発揮するための法的根拠を求めたものと思われるが，企業会計原則が中間発表となっているのは最終的に，企業会計基準法を最終目標としていたからと言われている（これについては，千葉準一『日本近代会計制度－企業会計体制の変遷』中央経済社，1998年，黒澤清「企業会計原則の歩み」『企業会計』36巻1号，1984年1月，鈴木和哉「戦後日本における「企業会計基準法」構想と「企業会計原則」」『立教経済学研究』64巻2号，2010年，江部秀義「企業会計基準法の制定構想」『現代社会文化研究』39号，2007年等の資料がある）。
12) 黒澤氏は，経済安定本部が各省の行政機能の総合調整をつかさどる特殊な官庁として，各省の上に立つ強大な権限を与えられていた，と述べている（黒澤清「企業会計原則の生成」『企業会計』21巻1号，1969年1月，50頁）。
13) 企業会計原則の解説の多くが，会計領域における理論的な側面に関するものであった。注11）の会計専門家が，「企業会計基準法」の成立を目指し挫折したことから，企業会計原則が法的根拠を持たなかったという結果になったが，米国の会計史においても，米国の会計基準が法的根拠を求めたという事実はなく，「一般に公正妥当な会計処理の方法」という用語の意味が，コモンローの米国と異なり成文法の日本では定着するのに時間を要し

たことになる。

14) 商法の場合は，商法（法務省・商法研究者）対経済安定本部企業会計基準審議会という対立の構図になろう。

15) 田中勝次郎「税法と企業会計原則との調整意見書に対する批判」『税法学』20号，1952年，8頁。田中勝次郎氏（1886～1973）の略歴は，東京大学英法科卒業後大蔵省入省（1913），1930年退官後弁護士登録。1955年専修大学教授（～1965）。1965年国士舘大学法学部教授（～1970）を歴任している。

16) 同上，15頁。

17) 山下勝治・青木倫太郎・渡邊進・溝口一雄「企業会計座談会・会計理論と税法の交渉」『企業会計』10巻4号，1958年4月，71頁。

18) 同上，80頁。

19) 岩田巖「意見書の基本的要望」『産業経理』12巻8号，1952年8月，5頁。この岩田氏の論稿にある，税法における会計原則云々という記述は，税法独自の会計上のルールあるいは処理基準とでも理解するのが妥当であろう。

20) 矢内一好『米国税務会計史』中央大学出版部，2011年，170頁。

21) 企業会計原則制定の事務方（安本財政金融局長）を担当した内田常雄氏の前掲注1）によれば，企業会計原則は，経済安定本部の独断，特定の理論，学説から導き出したものではなく，企業会計制度対策調査会として閣議決定による民主的機関の調査審議に基づくものであった。当時の委員会の委員長は上野道輔氏，企業会計原則の執筆は，黒澤清氏と岩田巖氏で，参加していたのは，大蔵，商工，農林，運輸，通信，文部，建設の各省，法務庁，安本，物価庁及び公正取引委員会，証券取引委員会，會計士管理委員会，統計委員会と会計専門家であった。

22) 青柳文司『会計士会計学 改訂増補版』同文舘，1969年，はしがき3頁。

23) Chatfield Michael, A History of Accounting Thought, the Dryden Press, 1974 p.232, 津田正晃・加藤順介訳『チャットフィールド 会計思想史』文眞堂，1979年，296-297頁。

24) Paton, William A., Accounting Theory, 1922, reprinted by Scholars Book Co. 1973. Paton, William A., Accounting, 1924 New York.

25) W.A. Paton, A.C. Littleton., AN INTRODUCTION TO CORPORATE ACCOUNTING STANDARDS（1940）。なおこの翻訳は，『会社会計基準序説』中島省吾訳，森山書店，1953年である。なお，論文としては，日米間が戦争状態となった1942（昭和17）年7月に刊行された『一橋論叢』10巻1号に掲載された山崎三郎「ペイトン リトルトン共著『株式会社基準序説』」が最も早くこの本を日本に紹介したものと思われる。なお，この件について，専修大学大学院教授安藤英義氏にお尋ねしたところ，後日，お調べ頂いた結果，訳者の山崎氏は，当時の英語の教員で，その後会計に関する論稿はないというのご教示を頂いた。

26) この会計原則は，サンダース（Thomas H. Sanders），ハットフィールド（Henry R.

Hatfield），ムーア（Underhill Moore）により作成されたことから，これらの製作者の名前からSHM会計原則といわれている。このSHM会計原則が多くの影響を企業会計原則に与えたといわれているが，黒澤清氏はこれを肯定する意見を述べていない（田中章義他，前掲書，369-370頁）。
27) 井上達雄，前掲書，2頁。
28) 企業会計原則を起案したのは，黒澤清氏と岩田巌氏であるが，企業会計原則には，ドイツの影響を受けた「真実性の原則」を一般原則に入れることで，日本版の会計原則の色彩を出したものと思われる。
29) 権利確定主義の萌芽の時期としては，1938年刊行の松隈秀雄氏の著書『租税計算』河出書房，1940年刊行の船田勇氏の著書『新訂税務会計』東洋出版社，において「権利義務発生主義」という用語が使用されている。純資産増加説と権利発生主義を理論化したのは田中勝次郎氏の著書『所得税法精義』厳松堂，1930年，である（忠佐市「税法における権利確定主義」『會計』63巻1号，1953年1月，86-88頁）。
30) 武田昌輔『法人税回顧60年』TKC出版，2009年，28-29頁。

1965（昭和40）年法人税法全文改正

1 関連事項の年表

1965年の法人税法全文改正に向けて，関連する事項を整理すると，次のとおりである[1]。

1952（昭27）年	経済安定本部企業会計基準審議会中間報告（小委員会報告）「税法と企業会計原則との調整に関する意見書」（第１次調整意見書）
1960（昭35）年	大蔵省主税局「臨時税法整備室」設置（1962年５月廃止）
	「当面実施すべき税制改正に関する答申（税制調査会第１次答申）及びその審議の内容と経過の説明」
1961（昭36）年	税制調査会第２次答申「国税通則法制定に関する答申」
1962（昭37）年	税制調査会「税法整備小委員会」（～1964年12月）
1963（昭38）年	夏：法人税法草案起草に着手～1964年５月以降内閣法制局審議
	12月：税制調査会「所得税法及び法人税法の整備に関する答申」
1965（昭40）年	所得税法，法人税法の全文改正
	吉国二郎『法人税法』（1965年改正法人税法の解説書）[2]

2 第１次調整意見書

第１次調整意見書の効果という点では，企業会計側と税務関係者の意見の溝

が埋まらないままであったが，次の諸点がその後の税法解釈等で参考にされたのである。

① 総論部分では，公正妥当な会計原則に従って算定される企業の純利益は課税所得の基礎をなすものであることから，税法上における企業の所得の概念は，企業の利益から誘導されたものであることを認めなければならない。

② 法人税法は発生主義の会計原則に関する限りこれを厳密な意味で採用しているが，判決例における解釈として，権利確定主義が採用されている。課税所得の検証の方法として，権利確定の基準を設定することに問題はないが，それは事実の立証であって所得計算の原理ではない。

③ 発生主義に基づく会計処理は，発生の事実すなわち一定の取引原因に従って会計記録を行うにあたり，実現の事実の認識や，費用収益の期間的対応というごとき会計的判断を併せ適用していることは明らかである。

上記の引用は，第1次調整意見書の一部であるが，武田昌輔氏は，シャウプ勧告による改正後，第1次調整意見書が，税法における課税所得計算上の不備や，非近代的な面を衝いた，という評価である[3]。第1次調整意見書から1965年改正までは間隔があいているようであるが，これまで異なる領域からの批判を受けていなかった国税関係者に対して，新しい領域を意識するという意味の影響はあったものと思われる。

3 税制調査会の動向

税制調査会という名称による租税制度等に関する審議会の活動は，断続的であったが，政府税制調査会の活動が恒久化したのは1959年以降といえる。それ以前の税制調査会会長は，衆議院議員の木暮武太夫氏[4]，実業家の原安三郎氏[5]であったが，1959年に経済学者の中山伊知郎氏[6]が就任して1965年まで会長職に在職している。

（1） 1960年の税制調査会第1次答申

　この時期は，当時の池田内閣による「所得倍増計画」の進行中である。この答申の主たるテーマは，税負担と税制改正である。

　法人税関係では，減価償却，租税特別措置法関連事項等が検討されているが，税制調査会において検討を示唆された事項は，次のとおりである。

① 企業の資金調達に対する法人税等の影響としての配当課税の改正（配当を支払う法人側で二重課税を調整する支払配当軽課方式の採用）
② 減価償却の耐用年数の改訂等
③ 法人企業と個人企業との負担の調整
④ 中小法人の税負担の問題と同族会社の留保金課税の軽減

（2） 1961年の国税通則法制定に関する答申

　1959年4月に設置された税制調査会（会長：中山伊知郎氏）により第2次答申として1961年7月5日に「国税通則法制定に関する答申」が出され，その二に「実質課税の原則等」という項目がある。この答申は，現在でも租税回避を検討する場合の原点ともいえるものであり，税法の整備という観点からは重要な答申である。

　　イ　実質課税の原則

　答申では，税法の解釈・適用に関して，現行法においても従来からいわゆる実質課税の原則の適用があるという認識に立って，税法の解釈及び課税要件事実の判断については，各税法の目的に従い，租税負担の公平を図るよう，それらの経済的意義及び実質に即して行うものとするという趣旨の原則規定として実質課税の原則を設けることを提言している。

　実質課税の原則が，所得税法或いは法人税法に実質課税の原則として規定されていることについて[7]，答申当時の検討において，吉国二郎氏は，中小企業協同組合法に規定する企業組合の例を挙げて，多数の個人営業者が集まって法人組織により活動している事態を踏まえて，課税技術的な側面の強い規定であると述べている[8]。また，忠佐市氏は，実質課税の原則を同族会社の行為

計算否認規定まで持ち込むのは拡張された用例という考え方を示している[9]。

さらに、忠佐市氏は、実質課税の意義について、所得の帰属者を特定する場合と、法律事実について法律の形式を越えて物事を経済的客観的に集約する場合の2つがあるが、所得税法及び法人税法に掲げた規定は、前者の所得の帰属者を特定する実質所得者課税の原則と考えるべきものと述べている[10]。

これについてコメントすると、実質主義は、取引等の法形式と課税における実態が異なる場合、法形式を実態に即して引き直すというものであり、実質主義を租税法律主義との調和を図ろうとする意図が上記の答申の記述から窺うことができるのである。このことから、上述の忠佐市氏による、実質課税の原則を同族会社の行為計算否認規定まで持ち込むのは拡張された用例という見解は妥当な解釈といえるものと考えるのである。

　ロ　租税回避行為

答申では、租税回避を、私法上許された形式を濫用することにより租税負担を不当に回避し又は軽減すること、と定義し、税法においては、租税回避が許されるべきではないという考えがあることを指摘している。そして、実質課税の原則の一環として、租税回避行為を否認できる規定を国税通則法に設けるべきであると提言している。

結果として、この提言は国税通則法の制定に盛り込まれることもなく、いわゆる租税回避行為を否認できる規定としての一般否認規定の創設に関して、現在においても議論の対象となっている事項である。

　八　行為計算の否認

答申における提言は、法人税法等の個別税法に規定されている同族会社及び特定の行為計算の否認規定について、その適用範囲の拡大と当時通達に定められていた態様を国税通則法に基本的な規定を設けるとしている。

その理由として、同族会社等の行為計算のみに限定する理由に乏しいと認められることから、それの適用範囲を特殊関連者間の行為計算についても、以下に掲げる取引等を否認できる規定を設けることが主張されている。

① 非同族である会社とその系列下にある会社間及びそれら系列下にある会

社間の行為計算
② 非同族である会社と株主（社員）又は役員間の行為計算
③ 企業組合等と組合員間及び組合の構成員相互間の行為計算
④ 医療法人，財団法人等とその理事者等との間の行為計算
⑤ 親族等の特殊関係にある個人間の行為計算

結果として，上記の主張は立法されることはなかったのであるが，上記①は，関連者間における移転価格等の問題であり，これは現在においても，検討すべき対象となっている。

そして，否認の対象となる行為計算の態様として，当時の通達において示された取引等が行為計算の態様であるとして，法令において明らかにすることを提言している。

二　行為計算の態様

行為計算の態様については1969年の法人税基本通達改正まで各態様が列挙されていた。その態様の例として，1950年に発遣された法人税取扱通達その後の法人税基本通達にもある，過大出資に対する出資払込否認がある。

この過大出資については，同族会社設立時等において，株主或いは社員から時価以上の価額で現物出資を受け，当該出資された資産の譲渡時に譲渡損が発生して法人利益を減殺することになり，また，譲渡しない場合にあっては，多額の償却費，評価損の発生を招くというのがその内容である。

その根拠となった裁決及び判決が片岡氏の著書には引用されている[11]。裁決としては，「第一種所得金額及び営業純益金額審査決定に対する訴願裁決（昭和9年8月15日蔵文第65号）」において，裁決は，同族会社がその社員より買い入れたる建物及び器具の価格について，税務官庁が所得税法第73条の2，収益税法第27条を適用して，会社の計算を否認し適当と認める価格を評定したことを正当という判断を示している。

これ以外にも，片岡氏の著書には14例の態様が記述されているが，いずれも判決等により解釈が行われたことを示している。この態様別に何に（例えば，判決等）基因したのかは，上述の著書以降に出版された法人税法の解説等を主とする著作にはその記述がない。

ホ　1963年12月答申の概要

1963年12月の税制調査会答申「所得税法及び法人税法の整備に関する答申」は，1965年の所得税法及び法人税法の全文改正の前段となる重要な答申である[12]。

吉国二郎氏の著書によれば[13]，氏が主税局総務課長に着任した1961年7月当時，主税局は，1957年以来の総合的な租税制度の改革の輪郭について，税制調査会との間で綿密な調査と審議を行っていたことが記述されている。

税制に関する検討の順序として，1960年答申における国民の税負担の問題から始まり，税法の整備としての1959年の国税徴収法の全文改正，1962年の国税通則法の制定，そして，1963年の所得税法及び法人税法の整備に関する税制調査会の答申ということで，技術的な問題は，大蔵省主税局が案を作り，税制調査会「税法整備小委員会」で検討したという筋道であろう。

この一連の動きにより，これまで，税制改正に関する意見を発信するメイン・プレイヤーは，国税関係者であったが，彼らは，税制調査会の委員というより，税制調査会で検討の原案作成という実質的な役割を担う一方，活動自体が目立たない裏方の役割へと変わったものと思われる。

本答申は，その「まえがき」にあるように，1962年9月14日から1963年10月10日までの間で44回審議検討を行ったことが述べられている。

へ　法律規定事項と政令等規定事項との配分

納税義務者の負担及び制度の仕組み等に関する基本的事項はすべて法律に規定し，専門的，技術的な面や手続にわたる事項については，法律で制度の骨子を規定したのち，その内容の詳細は政令以下で規定する，とした。

(イ)　政令規定事項

政令で規定する事項は，以下のとおりである。
① 法律で詳細までを規定するには余りに専門的，技術的な事項
② 法律で規定している事項を敷えん，補足する解釈的な事項
③ 法律で規定している趣旨を時宜に応じて実現するために弾力的な運営を必要とする事項

(ロ)　省令規定事項

省令で規定する事項は，以下のとおりである。
① 書式に関する事項
② 申告書，申請書の記載事項の細目等単純な手続に関する事項
(ハ) 告示事項
具体的な処分，指定及び決定に関する事項である。

ト 条文の配列及び表現方法
条文の配列及び表現方法について，以下の点に配慮することが指摘された。
① 各条文をできる限り簡潔平明な表現でまとめ上げること
② 用語の定義はできる限り関係条文の箇所で規定し，全編にわたってかなりの頻度で使用されるものは総則又は関係章節の冒頭で規定する。等

チ 規定事項の具体的な配列
法人税について，総益金に関する規定と総損金に関する規定を分けて，それぞれについて，普遍と特殊，原則と例外その他の事柄のウェイトや性質を勘案しつつ，限定事項はなるべくまとめて規定する考え方で，順序，配列を定める。

(3) 法的基準の提唱

1963年12月答申の第２「課税所得の範囲及び計算等に関する問題」の４「所得の発生時期」に法的基準である権利確定主義について４頁にわたり答申の記述がある。

以下は，その要旨を抜粋したものである。この答申における法的基準が1965年の法人税全文改正でどのように取り入れられたかが本章における焦点の１つである。
① 税法は，期間損益決定のための原則として，発生主義のうちいわゆる権利確定主義をとるともいわれている。
② 現行税法の全体の構造としては，権利確定主義を中核としながらも，その具体的適用は相当広く弾力性に富み，経済の実態及び企業会計の進展に伴った期間損益決定についての一つの体系を形成しているものと考えられる。

③ 権利確定主義は,企業会計における場合の発生主義と結果的に一致している面が多い。
④ 税法が権利確定主義を基本的基準としているのは,税法が,法律として,すべての納税義務者について統一的に扱う必要から,期間損益の決定を単に会計上の事実行為に立脚した基準にのみ委ねることができず,他に特別な定めがない場合の一般的判断基準としては,何らかの法的基準を求めなければならないためである。
⑤ 税法上期間損益決定についての基本的な法的基準は,これを設けておく必要がある。
⑥ 下記の法人税基本通達249は,本文では,権利確定主義を規定し,但書きとして商品等の販売には引渡基準を認めている。

> 249 資産の売買による損益は,所有権移転登記の有無及び代金支払の済否を問わず売買契約の効力発生の日の属する事業年度の益金又は損金に算入する。但し,商品,製品等の販売については,商品,製品等の引渡の時を含む事業年度の益金又は損金に算入することができる。

引渡基準については,引渡時期を発送時にするか,検収時にするか等各種の会計処理方法があるがこれらはいずれも認められている。
⑦ 税法上の損金の計上については,費用収益対応の原則が適用され,さらに,権利確定主義に対応する債務確定の有無によってテストされる。若干これについてコメントすると,引当金等の計上の問題である。費用収益対応の原則に従うと多くの引当金等の見積もり計上が発生することから,これらについては,法令の規定のあるものに限ったのである。

(4) 申告調整

1963年12月答申において,当時の法人税が確定決算の利益を申告調整しているのであるが,答申では,申告調整を以下の3分類に分けて説明している。
① 必要的調整事項(申告調整をしなければならない事項)
② 任意的調整事項(申告調整をしてもしなくてもよい事項)

③　申告調整できない事項

ここで注目すべきは上記③である。これは，1965年の改正により定義された「損金経理」に関するもので，現行法でも文言の改正は行われていない（法法2二十五）。

> 損金経理：法人がその確定した決算において費用又は損失として経理することをいう。

まず，答申における「損金経理」に関する記述は，創設的な内容かどうかという点であるが，1947年に全文改正された法人税法第18条第1項に確定した決算に基づき申告書を政府に提出しなければならない，ことが規定され，内部取引についても申告調整を認めないこととされていた。このことから，法人税法第2条に定義規定を設けることで規定の明確化を図ったといえる。

また確定決算は，1965年改正前の法人税基本通達314に次のように規定されている。

> 法第18条又は第21条に規定する「確定した決算」とは，その事業年度の決算につき株主総会の承認又は総社員の同意その他これに準ずるものがあったことをいうのであるから，事業年度終了の日から2か月以内に決算を確定した申告をなすべきものとする。

上記③は，圧縮記帳，減価償却，準備金，評価損益等主とした内部取引に関する事項である。これらについて申告調整を認めるべしという意見に対して，税法と商法との関係については，企業に与える手数等を考慮すれば，それぞれの利益計算の仕組みが基本的には一致するように配慮することが望ましいが，企業の評価，判断ないし決算態度に属する事項については，できるだけ統一的に扱って課税上の公平を図ろうとするその固有の目的ないし性格から，税法がその特有の規定を加えることはやむを得ないというのが答申の見解である。

(5) 1965年改正における所得計算

イ 1965年改正に向けた2つの流れ

1965年改正に至るには，大きな2つの流れがあるというのが筆者の認識である。

1つは，1949年の企業会計原則の制定，1952年の第1次調整意見書の公表である。それまで，外部からの表立った批判にさらされることもなく，国税関係者というプロフェッショナル集団が理論形成を行ってきた法人税法の領域に，国税関係者からするとある種の部外者である会計専門家が，理論的な面で税法に遅れがあることを指摘したことは，国税関係者にとって，法人税法改革という宿題を課された感がある。

他の1つは，法人税法が，1947年の全文改正により，申告納税制度を導入するという大きな改正を行ったが，所得計算原理については，1899年の法人税の創設以降，1947年改正の確定決算主義の導入，1950年のシャウプ税制と改正が続いたことで複雑化した規定を整理する意味から，所得税法と法人税法の全体的な整備が必要という認識から，1962年頃から税制調査会「税法整備小委員会」における検討を行い，1963年の税制調査会「所得税法及び法人税法の整備に関する答申」において改正の骨格が見えてきたのである。

換言すれば，税務会計は，法人税創設時から商法の影響下にあり，権利確定主義という法的基準を原則とするものであり，会計のインパクトは少なかったが，第1次調整意見書以降，一般に公正妥当な会計原則に従って企業利益を誘導する思考が高まり，この2つの流れを調整したのが1965年の全文改正という理解ができる。

そして，この改正に関してしかも国税関係者の手による解説書が出版されている。それが，吉国二郎『法人税法』である[14]。

ロ 所得計算及び企業会計との関係

1965年改正について，これに関与した者で，同時代に作成された解説書は，吉国二郎『法人税法』（1965年版：以下「解説書」という）と吉国二郎・武田昌輔共著『法人税法［理論篇］』（以下「理論篇」という）である。

これ以外に『改正税法のすべて』[15]があるが,いずれも情報源は大蔵省主税局ということになる。

以下は,解説書における所得計算及び企業会計との関係を記述した箇所の抜粋である。

① 近代的会計においては,発生主義の原則,費用収益対応の原則,実現主義の原則が相互に有機的に結合されて企業の成果を計算する[16]。

② 法人税においてその課税標準たる所得を算出する場合においては,企業会計の利益計算の機構,その結果としての財務諸表,ことに損益計算書,貸借対照表を前提とすることが必要である。もとより法律の規定としては所得の計算は法律独自の表現をとることはいうまでもないが,それらの表現によって示される所得計算の原則は,これらの前提に立って適用されるべきものである[17]。

③ 税務計算では,累進税率が適用される場合,所得の多寡によって負担が異なることから,収益実現の時期を画一的に把握する必要がある。このような税法特有の構造から,所得の計算においての収益,費用の期間帰属は,企業会計原則の場合以上に的確であることが必要である[18]。

④ 内部計算に係る損益は,税務の所得計算の原則においては,一定の限界を定め,その限界の範囲内においては企業の行った計算を最終のものとし,それ以外の計算を認めない[19]。

八　益金と損金

法人税の課税所得は,1899年の創設時から1965年の改正まで,総益金から総損金を控除して計算する原則に変更はなく,1965年改正が,各事業年度の所得の金額は,益金から損金を控除した金額とする,と規定を改めたことの意義が問題となる。

これについて,吉国氏は次のように説明している。

従来の総益金と総損金という合計的な概念を,益金の額,損金の額という表現に改めたことは,規定を明らかにする意味にすぎず,特別の意味を持つとは考えられない[20]。

そして資本等取引を規定したことで,資本等取引に基づく金額と,これらの

益金不算入，又は損金不算入の金額を質的に区分した[21]。

吉国氏の見解では，総益金，総損金は，他の補足的な規定，例えば，棚卸資産の評価，減価償却の計算，繰延資産の計算等の諸計算を前提とする，その総体としての所得計算を基礎に解釈すべきであって，近代的な成果計算を取り入れていないという批判は当たらず，近代的な成果計算に一致するものになっていた。改正法は，これをさらに明らかにするために，益金の額及び損金の額が，通常の収益，費用の対応の計算と同じカテゴリーに属することを法律上明らかにしたものと説明している[22]。

二　法的基準としての権利確定主義を巡る議論

企業会計における収益の認識とはいつの時点で収益とするのかということであるが，そこに適用される原則は「実現主義」である。

これに対して1963年12月の税制調査会答申では，税法上期間損益決定についての基本的な法的基準は，これを設けておく必要がある，と述べており，また，当時の法人税基本通達249は，本文では，「権利確定主義」を規定し，ただし書きとして商品等の販売には引渡基準を認めていたのである。

(イ)　検討の前提と焦点

第1のポイントは，既に引用している通達であるが，権利確定主義を規定しつつ，但書きで引渡基準を規定していることから本項の検討材料となるため再度引用する。要するに，1965年改正の前に，このような通達が存在していたということである。

> (売買損益の帰属の時期)
> 249　資産の売買による損益は，所有権移転登記の有無及び代金支払の済否を問わず売買契約の効力発生の日の属する事業年度の益金又は損金に算入する。但し，商品，製品等の販売については，商品，製品等の引渡の時を含む事業年度の益金又は損金に算入することができる。

第2のポイントは，1952年公表の第1次調整意見書において，「課税所得計算の検証の方法として，権利確定の基準を設定することはよいが，それは事後の立証手続であって，所得計算の原理ではない。」と批判され，「税務上におい

ても発生主義の解釈としてこの権利確定主義が採用されているのである。」と理解され、さらに、「一般に認められた会計諸基準こそ、企業の所得決定の原則として基本をなすものである。」と上記ポイント1とは異なる立場を企業会計側は示したのである[23]。

　第3のポイントは、1965年の全文改正における益金の年度帰属の原則として、ポイント1に示した「権利確定主義」とポイント2における企業会計における収益認識の基準である「実現主義」のいずれも規定上は明記されなかったのである。この第3のポイントが本項における焦点となる問題である。

　㈹　権利確定主義を巡る検討

　1965年改正後の法人税法第22条第2項の益金の額に関する規定は、以下のとおりである。

> 内国法人の各事業年度の所得の金額の計算上当該事業年度の益金の額に算入すべき金額は、別段の定めがあるものを除き、資産の販売、有償又は無償による資産の譲渡又は役務の提供、無償による資産の譲受けその他の取引で資本等取引以外のものに係る当該事業年度の収益の額とする。

　解説書は、この規定について、収益が当該事業年度の対外的な取引により実現したものであることを意味するもので、このことは会計的意味における実現主義とは必ずしも同じものではなく、対外的実現を所得の限定要素とする限り、より根本的なものということができる、としている[24]。

　従来の原則である「権利確定主義」という原則は、①収益が実現したものをもって所得の計算に取り入れるという意味、②その実現がいつ行われたかを示す原則で、収益についてその収受すべき権利が確定したときをもって事業年度帰属の基準とするものである[25]。

　「権利確定主義」によるリーガルテストは、資産に関する収益が対外的に実現することを収益計上のメルクマールとすることを重要な意義としているので、上述の②のみを主眼とするものではないことから、企業会計の慣習を取り入れるべきという主張が妥当な場合はこれを受け入れるのである[26]。

　ここにおける解説書のポイントは、次の3点である[27]。

① 「権利確定主義」に包摂される概念は，企業会計における実現主義の概念を包括するものである。
② 企業会計における実現主義は，発生主義における収益の認識の基準をさらに明確化するもので，税法が主張している対外的実現を契機として収益を認識すべきであるという意義と実質的に同じである。したがって，「権利確定主義」という考え方と販売基準というものが違っているという認識そのものが理解しがたい，という認識である。
③ 益金の額の年度帰属について，法律は原則を明らかにしていないが，税法自体は実現のテストをもって年度帰属を考えていることは間違いない。

(6) 理論篇における検討

解説書は，改正後それほど日を置かずに出版されたことから，改正当時の雰囲気が伝わるものであるが，吉国氏は改正から3年後の1968年に理論篇を武田昌輔氏と共著で出版している[28]。

理論篇では，解説書よりもより整理された形で論点が記述されているが，収益実現における法的基準[29]について再論している[30]。

ここでは，法的基準と経済的基準を対立関係でみるのではなく，法的基準を踏まえて，経済的ファクターをより重視するかどうかという点が問題である。具体的には，商品の販売の場合，所有権の移転という法的基準のみによるべきではなくて，経済的にみて販売されたとみなされる時期として，具体的に代金を請求しうる時期をもって収益計上の時期とするものである[31]。

理論篇では，一般論として，企業側では，引当金の設定等損費について経済的な基準によって計上することが考えられるが，収益についてはむしろ法的基準を重視して計上する傾向が強い。税務当局は，見積損費としての引当金の設定を制限し，収益の計上については法的基準によらずに経済的基準によって計上する場合が少なくないことを指摘している[32]。

(7) 権利確定主義の沿革

また，ほぼ同時期に出版された船田勇『税務會計』[33]と片岡政一『税務上の損益』[34]では，総益金及び総損金については，次のように説明している。

船田氏は，総益金とは益金の総計で，資本の払込以外において純資産増加の原因となる一切の事実を指しているので，要するに個々の収益的収入の総計で，総損金は，純資産の減少の原因となる一切の事実を指して言うが，税法の損益金について定義がないと説明している。

損益金の所属年度については，原則として，権利義務発生の日の属する事業年度の損益に計上すべきものとしているが，実際問題は，必ずこの権利義務発生主義によることも難しいと述べている[35]。

片岡氏は，損益の所属事業年度の法律的解釈はその資産の増減変化又は負債の増減変化の原因たる権利義務の確定時点の属する事業年度とすると，船田氏と同様の説明であるが，実際は一片の法律論で片付けるにはあまりに複雑かつ多岐であるとしている[36]。

上記の所得概念は，昭和20年に大蔵省が作成した「法人各税ノ取扱」第五の二十にも同様の規定がある。

結論としては，法人税では昭和40年の全文改正まで，上記の所得概念を用いていたことになるが，船田氏も片岡氏も，権利確定主義だけでは実務への適用が難しく，実務上の会計慣行等も考慮すべきという意見である。したがって，法人税法では，民商法に基づいて取引における権利関係を原則として所得の事業年度帰属を判定することを原則としたのであるが，それだけでは，法人の実務をカバーしきれないという認識は，当初からあったことになる。

（8）権利確定主義の論点整理

権利確定主義の定義としては，「外部の世界との間で取引が行われ，その対価を収受すべき権利が確定した時点をもって所得の実現の時期と見る考え方」とされている[37]。

旧法人税基本通達において，収益の計上時期については，次のように規定されている。「資産の売買による損益は，所有権移転登記の有無及び代金支払の済否を問わず売買契約の効力発生の日の属する事業年度の益金又は損金に算入する。但し，商品，製品等の販売については，商品，製品等の引渡の時を含む事業年度の益金又は損金に算入することができる。」（基249）。この規定にある「売買契約の効力発生の日」を収益の年度帰属に関する権利確定主義という見

解がある[38]。なお，この通達の規定について，本則は但書きにあるという意見もある[39]。

次に，権利確定主義について擁護する見解と批判的見解がある。さらに，擁護する見解に属するものでも，権利確定主義を所得の年度帰属の基準とする説（以下「基準説」という）と権利確定主義を原則としつつも管理支配基準等の補正が必要という説（以下「補正説」という）がある。

基準説は，すでに述べた昭和初期の論稿に示され，さらに，1951年の所得税取扱通達194に「収入すべき金額とは，収入する権利の確定した金額をいう」と規定され，判例としては，大竹貿易事案判決（平成5年11月25日最裁第一小法廷）等がある。

また，権利確定主義が支持された理由として，「権利の確定」という法的基準が具体的な問題の解決のための明確な指針を与えることができるという説明もある[40]。

大蔵省の関係者からも批判的見解が公になっている。忠佐市氏は権利確定主義批判の意見を著書[41]或いは論文[42]に執筆している。そこでは，権利確定主義の発展的解消として，発生主義会計への移行を示唆している。また，大蔵省の関係者からの批判論として，権利確定主義の限界を指摘する意見もある[43]。

(9) 小　括

1965年の法人税全文改正は，吉国氏の所論に見られるように，法人税が創設時から有していた法的基準を原則とする考え方を踏まえつつ，第1次調整意見書で指摘された企業会計の思考を取り入れて，一方に偏することなく，両者を調整しつつ，法人税法において，法的基準と企業会計をうまく混合したといえる。

◆注

1) 吉国二郎総監修『戦後法人税制史（創立50周年記念出版）』税務研究会，1996年，388頁（武田昌輔氏執筆，昭和40年度）を参考にした。
2) 吉国二郎『法人税法』財経詳報社，1965年。同氏の著書『税金こぼれ話―わが国の租

第8章　1965（昭和40）年法人税法全文改正　137

税変遷体験記』（財経詳報社，1996年）に，1965年の全文改正について，当時の党税制調査会会長の坊秀男氏より，解説書を書くように要請された経緯が書かれている（246頁）。同氏は，1954年に『法人税法講義』（大蔵財務協会）を出版していることから，その辺りの経験が買われたものと思われる。その後，同氏は『法人税法』の後継として，『法人税法［実務篇］』と『法人税法［理論篇］』を財経詳報社から出版している。この一連の著書について，武田昌輔氏が手助けをしたことは，同氏の『税金こぼれ話―わが国の租税変遷体験記』に書かれているが（246頁），後年の『法人税法［理論篇］』では，共著の形となっている。なお，1964年当時の主税局の役職者は次のとおりである。
　　① 主税局長：泉美之松氏（1963年4月～1965年11月），塩崎潤氏（1965年11月～）
　　② 財務調査官：吉国二郎氏（1964年7月～）
3)　武田昌輔『税務会計論文集』森山書店，2001年，44頁。
4)　1953年11月の「税制調査会答申とその理由及び説明」の委員は，会長を含めて24名である。内訳は，学者2名，政治家4名，官僚4名，実業家10名，報道2名，その他2名という構成で，委員に京都大学教授の汐見三郎氏が含まれているが，いわゆる税法プロパーという意味の税務関係者は1名も含まれていない。
5)　1955年12月8日の「臨時税制調査会中間答申」の会長は原安三郎氏である。会長を含めて委員は29名であり，税務関係者は松隈秀雄氏であり，他に財政学の汐見三郎氏，行政法の田中二郎氏が含まれている。
6)　1960年12月の税制調査会「当面実施すべき税制改正に関する答申（税制調査会第1次答申）及びその審議の内容と経過の説明」では，委員に税務専門家の平田敬一郎氏と松隈秀雄氏が入り，税法整備小委員会には，金子宏氏と会計学の渡辺進氏が選任されている。
7)　「実質所得課税の原則」という見出しで1953年に所得税法第3条の2，法人税法第7条の3にこの規定が置かれた。現行では，実質所得者課税の原則という見出しに改正されている（所得税法第12条，法人税法第11条）。
8)　租税法研究会編『租税法総論』有斐閣，1958年，55-56頁（吉国発言）。
9)　同上，57頁（忠発言）。
10)　同上，65-66頁（忠発言）。
11)　片岡政一『税務會計』森山書店，1931年，287-289頁。
12)　税法整備小委員会の委員は，①雄川一郎（行政法），②木村元一（財政学），③松宮隆（税理士），④遠藤湘吉（財政学），⑤渡辺進（会計学），⑥明里長太郎（大蔵省），⑦飯野利夫（会計学），⑧星野英一（民法），⑨矢沢惇（商法），⑩上田明信（法務省），⑪杉本良吉（法務省），⑫茂串俊（内閣法制局），である。大蔵省関係では，税制調査会委員の松隈秀雄氏と渡邊喜久造氏が小委員会委員から外れ，税務関係者として，大蔵省主税局の明里長太郎氏が委員となっている。
13)　吉国二郎『税金こぼれ話―わが国の租税変遷体験記』財経詳報社，1996年，237頁。
14)　吉国氏は1954年に『法人税法講義』（大蔵財務協会）を出版していることから，解説書

の筆者として白羽の矢が立ったものと思われる。この著書『法人税法』(財経詳報社，1965年) はその後，1967年まで3年間にわたり年度版で出版され，1968年以降，吉国二郎・武田昌輔共著となり『法人税法 [理論篇]』(財経詳報社) と吉国二郎『法人税法 [実務篇]』(財経詳報社) に分かれて出版されている。武田昌輔氏は，『税務会計論文集』(2001年，森山書店)，『法人税回顧60年　企業会計との関係を検証する』(TKC出版) 等において，多くの論稿を残しているが，上記の『法人税法 [理論篇]』が後年の論稿の原点ではないかと推測している。

15) 『改正税法のすべて』(1965年版)，財団法人大蔵財務協会。
16) 吉国二郎『法人税法』財経詳報社，1965年，205頁。
17) 同上，207頁。
18) 同上，209頁。
19) 同上，210頁。なお，1965年改正前の法人税法第18条 (中間申告を要しない法人の確定申告) では，納税義務のある法人は，各事業年度終了の日から2か月以内にその確定した決算に基づき当該課税年度の所得金額及び当該所得に対する法人税額を記載した申告書を政府に提出しなければならない，と規定されている。また第21条 (中間申告を要する法人の確定申告) にも同様の規定がある。
20) 同上，214頁。
21) 同上，216頁。
22) 同上，217頁。
23) 解説書では，税務計算における権利確定主義については，企業会計においてはこれを一種の財産計算に基づく古い原理であり，企業会計における販売主義等の実現主義の原則を採用すべきであるという主張がかつてなされた (同上，220頁)，と記述しているが，調整意見書ではこのような見解は示されていない。この解説書の説明の根拠は，税法が純財産増加という表現をとったところから，税法の計算を財産計算とみなし，権利確定主義がその基準とされるという主張となったという理解である (同上，220頁)。
24) 同上，219頁。なお，1965年版『改正税法のすべて』にはこのような記述はない。企業会計原則では，第二　損益計算書原則の三　営業利益に次のような規定がある。
「売上高は，実現主義の原則に従い，商品等の販売又は役務の給付によって実現したものに限る。ただし，長期の未完成請負工事等については，合理的に収益を見積もり，これを当期の損益計算に計上することができる。(注6) (注7)」
そして，[注6] の実現主義の適用についてで「委託販売，試用販売，予約販売，割賦販売等特殊な販売契約による売上収益の実現の基準は，次によるものとする。」と規定されている。また，[注7] 工事収益において，工事進行基準と工事完成基準が説明されている。
25) 同上，220頁。
26) 同上，221頁。

27) ①と②について，同上，221頁。
28) 吉国二郎・武田昌輔『法人税法［理論篇］』財経詳報社，1968年。
29) 理論篇では，「権利確定主義」という用語ではなく「法的基準」という用語を使用し，企業会計における「実現主義」については，「経済的基準」という用語を使用している。法的基準の欠点は違法利得等を所得と認識できないことであり，実現主義は所得の認識の基準が明確でない欠点があり，いずれか一方を採用することには問題がある。
30) 吉国二郎・武田昌輔，前掲書，153-156頁。
31) 同上，153-154頁。
32) 同上，156頁（注）。
33) 船田勇『税務會計』東洋出版社，1934年。
34) 片岡政一『税務上の損益』第一書房，1938年。
35) 船田勇，前掲書，19-20頁。
36) 片岡政一，前掲書，42頁。
37) 金子宏「権利確定主義は破綻したか」『日税研論集』22号，1992年，5頁。
38) 植松守雄「収入金額（収益）の計上時期に関する問題—「権利確定主義」をめぐって—」『租税法研究』8号，1980年，30頁。
39) 吉国二郎『法人税法』財経詳報社，1965年，222頁。
40) 金子宏，前掲論文，5頁。
41) 忠佐市『税務会計原論』中央経済社，1958年，172-173頁。
42) 忠佐市「税法における権利確定主義の展開」『會計』63巻1号，1953年1月。
43) 湊良之助「特殊損益と税務會計」『企業会計と税務会計』所収，日本税務研究会，1952年。

企業会計, 商法の動向

1 1966（昭和41）年「税法と企業会計との調整に関する意見書」

（1）企業会計原則制定以降の会計側の動向

　作成母体の名称は，経済安定本部企業会計基準審議会から大蔵省企業会計審議会に変遷しているが，企業会計側は，企業会計原則公表後も，税法，商法等の調整について，以下に掲げるような意見書を公表している。

1949（昭24）	経済安定本部の企業会計制度対策調査会が中間報告として「企業会計原則」を公表（7月9日）。
1951（昭26）	経済安定本部企業会計基準審議会中間報告「商法と企業会計原則との調整に関する意見書」
1952（昭27）	経済安定本部企業会計基準審議会中間報告（小委員会報告）「税法と企業会計原則との調整に関する意見書」（「第1次調整意見書」）
1960（昭35）	大蔵省企業会計審議会中間報告「企業会計原則と関係諸法令との調整に関する連続意見書」（一～三）
1962（昭37）	大蔵省企業会計審議会中間報告「企業会計原則と関係諸法令との調整に関する連続意見書」（四～五）
1965（昭40）	日本会計研究学会税務会計特別委員会「企業利益と課税所得との差異及びその調整方式」[1]
1966（昭41）	大蔵省企業会計審議会中間報告「税法と企業会計との調整に関する意見書」（「第2次調整意見書」）

| 1974（昭49） | 商法改正：初めて会計包括規定として「公正ナル会計慣行ヲ斟酌スベシ（第32条2項）」を規定。 |

　前章では，1965年の全文改正までの税法の動向を検討したが，これと並行して企業会計側も1949年の企業会計原則の制定，1952年の第1次調整意見書以後も，税法等との調整に係る検討を継続して，1966年には第2次調整意見書を作成公表している。また，企業会計審議会とは別に，日本会計研究学会税務会計特別委員会は1965年に「企業利益と課税所得との差異及びその調整方式」を作成したことは，上述した表で明らかである。

　この一連の動向に対する視点としては，これら企業会計側の努力が法人税法にどのように影響をしたのかという点からの評価である。

　本書におけるこれまでの検討では，第1次調整意見書において，理論的に遅れている法人税法に新しい会計理論を導入すべしとして意気込む会計側に対して，それまで，いわゆる動態論に立脚した会計理論からの批判を受けたこともなく，国税関係者というある種のサークル内の議論に終始してきた税法側の具体的な反応は見られなかったが，一般に認められた会計原則に基づく企業利益に基づいて課税所得計算が行われ，その企業利益の算定には，発生主義，実現主義，費用収益対応の原則が適用となるという認識が国税関係者間にも定着したのである。本章は，以上のようなこれまでの検討を踏まえて，1965年の法人税全文改正後の動向を分析する。

（2）1960年と1962年の連続意見書

　1960年公表の連続意見書は，第一から第三までの3つの項目から構成されている。いずれの項目についても税法との調整の項目がある。
　① 財務諸表の体系について（連続意見書第一）
　② 財務諸表の様式について（連続意見書第二）
　③ 有形固定資産の減価償却について（連続意見書第三）
　また，1962年公表の連続意見書は，第四と第五の2つの項目から構成されている。いずれの項目についても税法との調整の項目がある。
　④ 棚卸資産の評価（連続意見書第四）

⑤　繰延資産について（連続意見書第五）

イ　連続意見書第三
この第三における税法上の減価償却に対する要望は列挙すると，次のとおりである。
①　税法における任意償却制度を改めること
②　残存価額は実情に即して決めるべき
③　耐用年数は，標準耐用年数を一応の基準とするが，税務当局の承認を条件に法人の自主的判断を認める。
④　償却方法も，定額法，定率法，生産高比例法以外に一般に認められるその他の償却方法をも選択できるとすべきである。
⑤　総合償却法の改善
いずれも税法に取り入れられることはなかった。

ロ　連続意見書第四
ここでは，評価方法の体系[2]，評価方法の適用，棚卸資産の取得価額，低価法上の時価，原価差額の調整，価格変動準備金についての要望が述べられている。

ハ　連続意見書第五
税法が繰延経理を強制する項目については，繰延経理及び償却期間について，法人に一応の基準を示し，この範囲内で，法人が自主的にこれを決定しうることを，さらに明確にすることが望ましい，という要望である。

ニ　小　括
連続意見書に記述された税法への要望は，課税上の公平性，管理上の簡便性等に配慮した税法の立場と，企業の自主的な判断を重視する企業会計側の立場を調整することなく，その後の税法改正に資する点は多くなかったのである。

(3) 1966年第2次調整意見書

　1966年10月17日公表の第2次調整意見書は，1965年の法人税の全文改正後であり，かつ，1967年の法人税法第22条第4項の公正処理基準創設前に出されたものである。

　第1次調整意見書が，企業会計原則至上主義の感がある硬直的な主張を基盤としていたのに対して，第2次調整意見書は，1965年の法人税法全文改正等における税法サイドからの企業会計への接近を踏まえて，税法と企業会計原則との調整に検討の焦点がシフトしている。

イ　企業会計に準拠する旨の基本的な考え方の導入

　第2次調整意見書の総論1「企業会計に準拠する旨の基本的な考え方の導入」の（3）において，法人税法課税標準の総則的規定を設けることを提言している。この規定は，米国内国歳入法典第446条の規定をモデルとしたものである。

　この第446条は，拙著においてこの条項を検討した内容をまとめると，次のとおりである[3]。

　この第446条は，移転価格を規定した第482条と関連がある。現行の内国歳入法典における第446条と第482条の関係は，次のようになっている。

　現行の内国歳入法典第446条（a）の一般規定（General Rule）は次のような内容である。

　「課税所得は，納税義務者が帳簿における所得計算に通常使用している会計処理の方法に基づいて計算される。」

　この第446条（a）の例外は第446条（b）に次のように規定されている。

　「納税義務者により通常使用される会計処理の方法がない場合，或いは，使用している方法が所得を明瞭に反映しない場合，財務長官の判断により所得を明瞭に反映する方法に基づいて課税所得の計算は行われる。」

この上記の第446条（a）及び同条（b）の規定は，1918年歳入法第212条及び第232条に係る規定を起源としている。
　これらの規定は，その後変遷を重ねたが，1939年内国歳入法典第41条に規定する企業会計準拠規定では，納税義務者が適用している会計処理の方法等が所得を明瞭に反映していない場合，内国歳入局長官の指示する会計処理の方法により修正することが規定されている。これらの規定の文言に大きな変化はない。すなわち，企業会計準拠と所得明瞭基準の2点がその要点である。
　しかし，1954年法における第446条は，一般に公正妥当な会計処理の基準（Generally Accepted Accounting Principles：以下「GAAP」という）と税務会計の調整を図る趣旨であり，税法の規定にGAAPに基づく規定である引当金，前受金に係る処理を導入して，結果的に失敗したのである。言い換えれば，1918年当時には存在しなかったGAAPの概念が1954年には確立していたということである。したがって，第446条の意義は，税務会計の目的である課税所得計算において，GAAPの進展を受けて，GAAPを基準とすることを原則とするということである。
　日本の法人税の規定と比較すると，企業会計準拠は，法人税法第22条第4項に規定のある公正処理基準とほぼ同義ということになる。そして，所得明瞭基準は，日本の法人税法における「別段の定め」と同種の内容ということになろうが，所得明瞭基準の判断を行うのが内国歳入庁長官であることから，条文の趣旨は日本と米国では異なることになる。
　以上のことを踏まえて，総論1（3）において，「納税者が健全な会計慣行に企業利益を算出していない場合又は会計方法を継続的に適用していない場合には，課税所得は税務官庁の判断に基づいて妥当な方法によりこれを計算するものとする」旨の規定を設けることが適当である，としているが，上記引用の後段部分「課税所得は税務官庁の判断に基づいて妥当な方法によりこれを計算する」という規定は，税法にある行為計算の否認の意味を持つ文言であり，企業会計サイドから提言されるのは奇異に感じるものがある。
　また，日本は，確定決算による企業利益を申告調整して課税所得を誘導する形式であるが，米国は，企業会計の数値を個別に修正して，売上高，控除額を計算する分離型であることから，この両国の相違等にも言及があってしかるべ

きではなかったのかと思えるのである。

□　自主的経理の容認

ここで意見書の主張は，次の2点である。
① 税法では，会計方法を抑制し，会計方法の適用条件の規制を行っているが，企業が選択適用している会計方法が不合理であっても継続性が遵守される限り課税の公平を害することにはならない。
② 税法の規定が企業会計を規制する逆基準性等が，企業の実態にそぐわないとしている。

ハ　決算表示上の規制の排除

第2次調整意見書は，1965年の法人税法全文改正により明定された損金経理については，課税の安定性の要請及び租税政策に基づくものという理解を示している。

(4) 小　括

第1次調整意見書は，すでに述べたように，商法思考をベースにした法人税法に，近代的な企業会計の思考を取り入れることを提言している点では，税務会計の形成には大きな影響力を潜在的ではあるが有していたというのが筆者の見解である。

第2次調整意見書は，第1次調整意見書のような影響力はなく，また，内容の点でも十分に咀嚼された意見の開陳という理解が難しいものであった。

2　商法改正の動向

(1) 商法改正

本書における検討の順序からすると，1967年の法人税法第22条第4項の公正処理基準創設をはさんで，1964年及び1965年に発生した大企業の粉飾事件に端

を発して,1966年以降,株式会社の監査制度の検討を開始し,1974年に,証券取引法に基づく従来の公認会計士監査に加えて,商法監査を導入したのである。以下の表は,これらの動きをまとめたものである。

1899 (明32)	新商法成立
1951 (昭26)	経済安定本部企業会計基準審議会中間報告「商法と企業会計原則との調整に関する意見書」
1962 (昭37)	商法改正:財産法重視から損益法重視に転換して計算規定が整備され,取得原価主義の採用,繰延資産の範囲拡大,引当金規定の新設等が行われた[4]。
1965 (昭40)	法人税法全文改正
	山陽特殊製鋼倒産,サンウエーブ工業の粉飾 (1964年)
1967 (昭42)	法人税法第22条第4項創設 (以下「公正処理基準」という)
1974 (昭49)	・商法改正:会計包括規定として「公正ナル会計慣行ヲ斟酌スベシ (第32条2項)」を規定 (以下「斟酌規定」という) ・商法監査 (株式会社の監査等に関する商法の特例に関する法律が制定) (以下「商法特例法」という。2006年廃止) ・企業会計原則修正 (会計基準の一元化)
1998 (平10)	大蔵省・法務省「商法と企業会計の調整に関する研究会報告書」
2005 (平17)	「商法」が「会社法」に全面改正され,商法にあった包括規定が「一般に公正妥当と認められる企業会計の慣行に従うもの (第431条)」と改正された。会社計算規則第3条では「この省令の用語の解釈及び規定の適用に関しては,一般に公正妥当と認められる企業会計の基準その他の企業会計の慣行をしん酌しなければならない。」と規定された。

(2) 商法第32条第2項の創設

2005年の会社法の創設に伴い廃止された旧商法の第32条の条文は,下記のとおりである。

第5章　商業帳簿
第32条　商人ハ営業上ノ財産及損益ノ状況ヲ明カニスル為会計帳簿及貸借対照表ヲ作ルコトヲ要ス
　2　商業帳簿ノ作成ニ関スル規定ノ解釈ニ付テハ公正ナル会計慣行ヲ斟酌スベシ

上記の第32条第2項の「公正ナル会計慣行ヲ斟酌スベシ」という規定は，1974年の商法監査導入に基因した改正である。
　また証券取引法（昭和23年4月13日法律第25号）の第193条には，次のような規定がある。

> この法律の規定により提出される貸借対照表，損益計算書その他の財務計算に関する書類は，大蔵大臣が一般に公正妥当であると認められるところに従って大蔵省令で定める用語，様式及び作成方法により，これを作成しなければならない。

　上記の規定にある大蔵省令，「財務諸表等の用語，様式及び作成方法に関する規則」（昭和38年11月27日大蔵省令第59号）の第1条の規定は，次のとおりである（第1項についてはカッコ書き部分を削除してある）。

> 1　証券取引法第5条，第7条，第9条第1項，第10条第1項，第24条第1項若しくは第2項又は同条第5項の規定により提出される財務計算に関する書類のうち，貸借対照表，損益計算書，利益処分計算書又は損失処理計算書及び附属明細表の用語，様式及び作成方法は，第1条の2を除き，第1章から第6章までの定めるところによるものとし，この規則において定めのない事項については，一般に公正妥当と認められる企業会計の基準に従うものとする。
> 2　大蔵大臣が，法の規定により提出される財務諸表に関する特定の事項について，その作成方法の基準として特に公表したものがある場合には，当該基準は，この規則の規定に準ずるものとして，前項に規定する一般に公正妥当と認められる企業会計の基準に優先して適用されるものとする。

　上記のように，証券取引法に基づく監査（以下「証取監査」という）では，「一般に公正妥当と認められる企業会計の基準」に財務諸表が従うことが明記されている。
　1974年の商法監査導入に伴い，公認会計士は証取監査と重複した監査を行うことになり，会計基準の一元化としての企業会計原則修正等が行われたのである。このような背景から商法第32条第2項が創設されたのである[5]。

斟酌規定は，商法監査導入に伴う証取監査における証券取引法との調整一元化から創設された規定であり，後述することになる公正処理基準とはその創設された基盤が異なるのであるが，法人税法第74条の確定決算主義の規定にある「内国法人は，各事業年度終了の日の翌日から2月以内に，税務署長に対し，確定した決算に基づき次に掲げる事項を記載した申告書を提出しなければならない。」と規定されている確定した決算は，現行では「確定した会社法上の決算」，1974年当時では，「確定した商法上の決算」を意味するものである。
　斟酌規定の創設は，公正処理基準と重複して，商法で規定した以上，税法の規定は不要という主張も存在するのである[6]。
　斟酌規定と公正処理基準の関係を考える場合，これらの規定が創設されたときの背景と，規定自体の解釈論が独り歩きする状況の2つの局面における分析が必要である。
　創設時の背景は，繰り返すと，次のとおりである。
① 1967年度の税制改正により創設された公正処理基準は，その規定創設前においても，税法が課税所得の計算について完結的に規定するよりも企業の会計慣行に委ねることも多く存在したので，従前の課税所得計算もこの前提で行われていたのである。また，この規定は税制簡素化の一環であり，この規定の意義は，創設的ではなく，宣言的，確認的規定であり，この規定が大きな影響を与えた領域は，国税庁通達における期間損益の取扱通達の制定等であるとされている。
② 1974年に商法改正と商法特例法（株式会社の監査等に関する商法の特例に関する法）の制定により資本金額が一定以上の株式会社は，いわゆる商法監査を受けることになったことで，商法監査は証券取引法による上場法人に対する証取法監査との監査一元化の観点から商法総則に斟酌規定が規定された。

　なお，上記の商法特例法は，2005年の会社法制定に際して，その規定が会社法に取り入れられたことから，同法は廃止されている。上記の規定の創設時のポイントは，以下のようになる。
① 公正処理基準は，期間損益の帰属に関する納税者と課税当局の対立を解消するという実益をもたらした。

② 斟酌規定は，証取監査と商法監査の一元化のために設けられた規定で，商法特例法が会社法に取り込まれたことから，会計慣行斟酌規定が存続したことになる。

次に，公正処理基準の役割は，商法における斟酌規定の創設をもって終わったとする見解がある。この主張は，（企業会計）➡（商法）➡（法人税法）という関係を踏まえたものと理解できるが，（企業会計）➡（法人税法）の関係があることを認識する必要があることはすでに述べたとおりある。

以上のことから，公正処理基準と斟酌規定との関係は，発生史の観点から，それぞれの規定の創設時の目的が異なるという，目的異質説として理解するか，三重構造説[7]を前提とするかは難しいところであるが，いずれにせよ，三者のトライアングル体制という表現は，妥当性を欠く表現といえる。

◆注
1) この特別委員会報告等については，矢内一好「税務会計と一般に認められた会計基準の関連性」『産能短期大学紀要』26号（1993年2月，67-78頁）において検討している。1965年以降に番場嘉一郎氏のグループと，1967年以降に渡邊進氏のグループが関東と関西に分かれて検討を行っている。この一連の動向は，1954年当時の米国と同様に，企業会計サイドが税法に関する関心度を高めたことは事実であるが，その成果としては見るべきものが少ないといえよう。
2) 米国におけるダラーバリューLIFOを認めるべきとしているが，米国において利益操作の手段として利用されていることを考慮したのかどうか疑問である。なおこの制度については，矢内一好「米国における貨幣評価後入先出法」『税務事例』23巻6号，16-20頁，1991年6月で論評している。
3) 矢内一好『現代米国税務会計史』中央大学出版部，2012年，258-259頁。
4) この改正により創設された規定（第287条ノ2）は，次のとおりである。
「第287条ノ2　特定ノ支出又ハ損失ニ備フル為ニ引当金ヲ貸借対照表ノ負債ノ部ニ計上スルトキハ其ノ目的ヲ貸借対照表ニ於テ明カニスルコトヲ要ス
②前項ノ引当金ヲ其ノ目的外ニ使用スルトキハ其ノ理由ヲ損益計算書ニ記載スルコト」
企業会計原則の注解18（引当金について）において，次の4要件を規定している。①将来の特定の費用又は損失であること，②その発生が当期以前の事象に起因していること，③発生の可能性が高いこと，④その金額を合理的に見積ることができる場合で，製品保証引当金，売上割戻引当金，返品調整引当金，賞与引当金，工事補償引当金，退職給与引当金，修繕引当金，特別修繕引当金，債務保証損失引当金，損害補償損失引当金，貸倒引当

金等がこれに該当するが，発生の可能性の低い偶発事象に係る費用又は損失については，引当金を計上することはできないとしている。

　税法は，引当金については，債務が確定していないことから，別段の定めとして規定のある貸倒引当金，返品調整引当金（2018年度廃止）がある。

　旧商法では，①債務としての負債性引当金（例：退職給付引当金），②債務ではない負債性引当金（例：修繕引当金），③評価性引当金（例：貸倒引当金）であり，①は債務であるから負債として計上されることから除かれ，②が負債性引当金のみである。

5) 1974年に商法改正と商法特例法（株式会社の監査等に関する商法の特例に関する法）の制定により資本金額が一定以上の株式会社は，いわゆる商法監査を受けることになった。また，証券取引法による上場法人に対する証取法監査が行われていたことから，監査一元化の観点から商法総則に会計慣行を斟酌する規定（商法第32条第2項）を規定したのである（鈴木竹雄『新版会社法　全訂第3版』弘文堂，1993年，212-213頁）。

6) 武田隆二『平成17年版　法人税法精説』森山書店，2005年，45頁。

7) 金子宏氏は，このような構造を「会計の三重構造」と称している（金子宏『租税法第18版』弘文堂，2013年，296頁）。この金子説は，三者の関係を適切に表現しているが，（企業会計）➡（商法）➡（法人税法）という関係にすると，法人税法は，商法を通じて企業会計と繋がることになる。したがって，三重構造説を前提としつつ，イメージとして，（企業会計）➡（法人税法）の関係が二層目の商法を通り抜けるトンネルがあることを認識しないと，企業会計の収益，原価・費用・損失から別段の定めにより益金，損金が誘導される計算項の説明が難しくなる。

第10章

1967（昭和42）年「公正処理基準」創設

1 斟酌規定及び公正処理基準の意義

　1974年に創設された旧商法第32条第2項に規定された斟酌規定及び現行の会社法第431条及び第614条に規定された「株式会社（持分会社）の会計は，一般に公正妥当と認められる企業会計の慣行に従うものとする。」という規定は，会社法自体が自己完結的に企業利益算定の規定を設けていないことから，その算定において会社法に規定のないものの多くを会計慣行に依存していることを示している[1]。

　他方，1967年の税制改正により公正処理基準（法人税法第22条第4項）の規定が創設されたが，立法者側による説明によれば[2]，この規定の趣旨は，課税所得と企業利益を原則として一致すべきであることを明確にすることであるが，この規定創設前においても，税法が課税所得の計算について完結的に規定するよりも企業の会計慣行に委ねることも多く存在したので，従前の課税所得計算もこの前提で行われていたとしている。また，この規定は税制簡素化の一環であり[3]，この規定の意義は，創設的ではなく，宣言的，確認的規定であり，この規定が大きな影響を与えた領域は，国税庁通達における期間損益の取扱い通達の制定等であるとされている[4]。

　また，立法趣旨とは別に，課税所得計算における法人税法第22条第2項及び第3項に規定されている収益，原価，費用，損失等の諸概念は，企業会計に依存していることは事実である。したがって，法人税法自体が自己完結的に企業

利益算定の規定を設けていないことから，その算定において法人税法に規定のないものの多くを公正処理基準に依存していることを示している。公正処理基準は，課税所得の計算が基本的には企業会計に従っていることを明示したものともいえるのである。

以下は，法人税法第22条第4項と旧商法第32条第2項の条文である。

第22条第4項	第二項に規定する当該事業年度の収益の額及び前項各号に掲げる額は，別段の定めがあるものを除き，一般に公正妥当と認められる会計処理の基準に従って計算されるものとする。
第32条第2項	商業帳簿ノ作成ニ関スル規定ノ解釈ニ付テハ公正ナル会計慣行ヲ斟酌スベシ

2 1967(昭和42)年「公正処理基準」創設までの経緯

この時代の国税関係者であり，1965年の全文改正の解説書の著者である吉国二郎氏は，1965年当時財務調査官，1966年東京国税局長，1967年8月から11月まで証券局長，1967年11月7日から1969年8月まで主税局長を務めた。この当時の主税局長は1965年11月から1967年11月まで塩崎潤氏である。また，1967年改正の実務に関与した武田昌輔氏は，1967年に退官して成蹊大学教授に就任している。しかし，1965年の改正前後から1967年の改正までの背景に詳しい武田氏の退官後の論文[5]に記載のある事項はまとめると，次のとおりである。

1950年	「法人税基本通達」(1950年9月25日 直法1-100)通達の集約・整理統合
1952年	第1次調整意見書
1953年	棚卸資産の評価，減価償却等の会計処理に関する通達
1959~1960年	賞与，棚卸資産，固定資産及び繰延資産に関する通達
1965年	通達(直審(法)84)「一般に認められた適正な企業会計の原則」
1966年9月	税制調査会「税制簡素化についての中間報告」
1966年10月	第2次調整意見書
1966年12月	日本租税研究協会「税制簡素化に関する意見」
	税制調査会「税制簡素化についての第一次答申」

1967年	法人税法第22条第4項創設
1969年	「法人税基本通達」(直審(法)25)

　上記の1966年の日本租税研究協会による「税制簡素化に関する意見」は，1965年10月9日付で，当時の国税庁長官吉岡英一氏から日本租税研究協会宛に出された意見聴取に対して日本租税研究協会からの回答が，1966年12月の「税制簡素化に関する意見」(以下「簡素化意見」という)である。

　国税庁側からは，5つの意見聴取項目が掲げられているが，その1が次の項目である。

> 1　企業利益と課税所得との計算原理の不一致から生ずる各種の手数を少なくする等，課税標準計算等に関する手数を省略する具体的方法

　上記の武田氏の論文に引用された事項及び国税庁側から日本租税研究協会宛に出されたパブリックコメントの内容は，法制度の簡素化というよりも，税務執行の簡素化という意味合いが強い。

　この上記の項目について，簡素化意見は，直接的な意見を述べていないが，法人税の取扱通達について，次のような意見が述べられている。

　すなわち，納税義務者に対して，法規解釈の基準手引を渡さないで，下級官庁に対する通達をもって代用してきたことは明らかにミスであった。しかもその通達ですら，一部に独断的なものもあったために実務的でなく，ために下級官庁が承服実行していないものもあった。納税義務者がその一部を無視したとしても不思議はなかった。

　この上記の意見で述べられていることは，納税義務者に対する基準手引を出すべきであるということである。この手引は，通達よりも選択性，弾力性があり，かつ，その内容作成にあたっては，一般に行われている企業会計の実務に大きく抵触しないことの限界を十分に心得るべきとしている。

　1965年の法人税全文改正の際に，公正処理基準の規定は創設されず，2年後に創設された理由は，通達の整備を含めた税務執行の簡素化であり，条文の改正以外の領域の問題であったといえよう。

3　1966年12月の税制簡素化についての第1次答申

　1965年の所得税・法人税の全文改正に先立つ1963年に税制調査会は「所得税及び法人税の整備に関する答申」を出しており，この答申等を受けて，1965年の全文改正が行われたのである。

　1967年の公正処理基準の創設は，税制調査会における税制簡素化の流れから由来したことは明らかであるが，最初に，第1次答申における直接税に関連する項目を抜き出すと，次のとおりである。

①　記帳手続の簡略化
②　申告手続の簡略化
③　納税手続の簡略化
④　税法，通達の構成の平明化

　そして本答申における税制簡素化の基本的方向2において，「簡素化のためには，現行税制の理論の精密さあるいは税法独特の規制について，ある程度これを緩和するという態度が必要である。」として，「企業の健全な会計慣行によりうる事項については，極力これを基礎として税制を組み立てるべきである。」としている。

　日本租税研究協会による簡素化意見では，「一般に行われている企業会計の実務」と表現し，第1次答申では，「企業の健全な会計慣行」と使用されている用語の相違はあるにせよ，企業会計に対して同様の思考法に基づいているものである。

　また，税法，通達の構成の平明化については，税制として極めて微細な点まで明確に規定を設けることによって制度そのものを独自に形成する風潮が強くなってきていると分析した上で，税制だけがかけ離れて複雑であるという印象を生じないようにしなければならないし，税法や通達の内容は，納税義務者にできる限り平易に理解されるように，一層の工夫をつくすことが必要である，と提言している。

　以上，簡素化意見及び第1次答申は同じ時期に，同様の内容の提言をしている。特に，簡素化意見は，税務行政を担当する国税庁長官名で求めたパブリッ

クコメントであり，第1次答申よりもより具体的な内容となっているが，企業会計を法人税制の基礎とする点では共通していること，通達行政が壁にぶつかっている状況であること等，その打開策を求めているのである。

4 公正処理基準までの変遷

用語の表現としては，若干異なるものもあるが，1949年制定の企業会計原則以降，公正処理基準制定前後においてどのような用語が使用されてきたのかをまとめると，次のようになる（下線筆者）。

1949年　企業会計原則前文	企業会計原則は，企業会計の実務の中に慣習として発達したもののなかから，一般に公正と認められたところを要約したものであって，必ずしも法令によって強制されないでも，すべての企業がその会計を処理するのに当たって従わなければならない基準である。
1950年　改正証券取引法第193条（証券取引法は1948年成立）	この法律の規定により提出される貸借対照表，損益計算書その他の財務計算に関する書類は，大蔵大臣が一般に公正妥当であると認められるところに従って大蔵省令で定める用語，様式及び作成方法により，これを作成しなければならない。
1952年　第1次調整意見書	・継続的に適用される一般に認められた会計原則 ・公正妥当な会計原則に従って算定される企業の純利益 ・健全な会計慣行における発生主義
1966年　第2次調整意見書	納税者が継続的に健全な会計慣行によって企業利益を算出している場合
1966年　税制簡素化についての第1次答申	納税者たる企業が継続して適用する健全な会計慣行によって計算する旨の基本規定
1967年　法人税法第22条第4項	第二項に規定する当該事業年度の収益の額及び前項各号に掲げる額は，別段の定めがあるものを除き，一般に公正妥当と認められる会計処理の基準に従って計算されるものとする。
1974年　商法第32条第2項	商業帳簿ノ作成ニ関スル規定ノ解釈ニ付テハ公正ナル会計慣行ヲ斟酌スベシ

2006年　金融商品取引法第193条	この法律の規定により提出される貸借対照表，損益計算書その他の財務計算に関する書類は，内閣総理大臣が<u>一般に公正妥当であると認められるところ</u>に従って内閣府令で定める用語，様式及び作成方法により，これを作成しなければならない。
財務諸表等の用語，様式及び作成方法に関する規則（財務諸表規則）	・この規則において定めのない事項については，<u>一般に公正妥当と認められる企業会計の基準</u>に従うものとする。 2　金融庁組織令（平成十年政令第三百九十二号）第二十四条第一項に規定する企業会計審議会により公表された企業会計の基準は，前項に規定する<u>一般に公正妥当と認められる企業会計の基準</u>に該当するものとする。

　上記以外に，1967年当時の法人税基本通達132（2）には，「一般に認められた適正な企業会計の原則」という規定がある。

　以上の比較においても，公正処理基準と同じ用語を使用した規定はない。以下では，公正処理基準の成立について検討する。

5　公正処理基準の解釈

　上記4による規定の変遷を分析した結果，次のような疑問が生じたのである。

　第1は，用語上の問題として，公正処理基準は，「会計原則」ではなく，「会計処理の基準」とした意義は何か。

　第2は，公正処理基準における「一般に公正妥当と認められる会計処理の基準」は企業会計原則を意味するのか。

（1）第1の点

　第1の点について，吉国氏は，その著書において次のように記述している[6]。

　「税法，通達のなかには数多くの所得計算規定ないし会計処理の基準が規定されており（以下略）」として，この基準については，次のように説明している[7]。

「ここにいう基準は，客観的な規範性をもつ公正かつ妥当と認められる会計処理の基準という意味であり，特に，明文の基準があることを予定しているわけではない。もちろん，いわゆる「企業会計原則」だけを意味するものでもなければ，税務官署の側だけで定められるべきはずのものでもない。」

武田昌輔氏は，第1の点について公正処理基準に至る過程において，次のような用語があったことを挙げている[8]。

- 健全な会計慣行
- 一般に認められた会計原則
- 継続的に健全な会計慣行
- 適正な会計慣行

上記の用語について，武田氏は，会計慣行という場合には感覚としては，現に企業実務の中において実践されているものであることを要すること，健全という場合には妥当というよりもむしろ保守的な匂いをもっていると思われたからである[9]。

また，「一般に公正妥当と認められる」という文言は証券取引法の用例を参考にしたものと推測され，企業会計の基準といわなかった理由としては，実質的会計処理を重視する立場からこのような表現になったという説明がある[10]。

（2）第2の点

すでに吉国氏の著書の引用でも明らかなように，公正処理基準は企業会計原則だけを意味しないとしている。

武田昌輔氏は，企業会計原則が公正処理基準に該当するのかということについて，企業会計原則には公正処理基準に照らして適当と認められないものも多々存する，として，上記の吉国氏と同様の結論である[11]。

（3）小　括

企業会計原則は，その前文において，「企業会計の実務の中に慣習として発達したもののなかから一般に公正と認められたところを要約したもの」と記述しているが，これについて，井上達雄氏は，「日本において会計原則を作成するにあたり，日本の会計実務のうちに慣習として発達したもののみをもって原

則を作ることができないことから米国の会計実務のうちに慣習として発達したものの中から抽出し，日本の会計実務と一体として構成するものとしたのである」と述べている[12]。

したがって，企業会計原則に続く，証券取引法第193条の規定以降，公正処理基準創設までの規定は，暗黙のうちに企業会計原則を想定していたと理解しても問題はないように思われる。この段階を第1期とする。

次に，公正処理基準と企業会計原則の関連では，前出の武田昌輔氏の綿密な分析があるが，公正処理基準の内容について企業会計原則を含む会計処理の基準というある種の受け皿作りが行われ，その後，1996年の金融ビッグバンに伴う会計ビッグバンといわれる一連の会計基準の制定もこの受け皿に含めて対処したといえる。この時期は第2期である。

この受け皿からはみ出したのが，2018年改正の法人税法第22条の2の規定であり，この期は第4期である。

◆注
1) 武田昌輔「税務会計と企業会計」『体系　近代会計学XIII』所収，中央経済社，1979年，7頁。
2) 藤掛一雄「法人税法の改正」『国税速報』2023号，1967年，75-76頁。
3) 座談会「改正税法を企業はどう見るのか」『税経通信』22巻8号，1967年，83頁，久保田発言。
4) 吉牟田勲『新版　法人税法詳説―立法趣旨と解釈』[1991年度版] 中央経済社，1991年，44頁。
5) 武田昌輔「一般に公正妥当と認められる会計処理の基準」『税務大学校論叢』3号，1970年11月，110～174頁。
6) 吉国二郎『法人税法』財経詳報社，1967年，234-235頁。
7) 同上，235頁。
8) 武田昌輔，前掲論文，142-143頁。
9) 同上，143頁。
10) 同上，145頁。
11) 同上，139頁。
12) 井上達雄『企業会計原則の解明』酒井書店，1972年，2頁。

第11章

会計基準の創設と税効果会計の導入

1　1962年以降2018年までの時代区分

　1962年の法人税法第22条第4項（「公正処理基準」創設）から2018年までの50年余の期間を特徴ある出来事で区分すると，以下のようになる[1]。

① 1962年から約10年間は日本の高度成長期で，減税が議論の中心となる時代である。

② 1971年以降，ニクソンショックから変動相場制への移行という為替問題，1973年及び1979年のオイルショック等に基因して赤字国債の発行と，一般消費税（大平内閣）➡売上税（中曽根内閣）➡消費税（竹下内閣）という変遷があり，1980年代は財政赤字の補てんを目的とした間接税の導入の時代である。

③ 1996年以降は会計ビッグバンと国際会計基準の展開である。また，これと並行して，税務の領域でも，国際税務（国内法と租税条約等）の整備・拡充があった[2]。

④ 商法改正，会社法の創設及び各種の会計基準の創設は，法人税法にも多大な影響を及ぼした。公正処理基準が創設されて50年余が経過して，国際会計基準及び日本の会計基準を公正処理基準を受け皿として理解するのが難しい状態に至ったといえる。

2　1962年以降2018年までの分析視角

標題の約50年にわたる期間について，法人税法と企業会計との関連を分析する場合，この期間における各種事項が多岐にわたることから，分析視角となる事項を限定する必要があり，以下の5項目に絞って検討する。

① 第1のポイントは，金融ビッグバンを背景にした会計ビッグバンといわれる会計基準制定の動向の法人税法への影響である。

② 第2のポイントは，①の動向と並行した事象である国際会計基準の動向である。

③ 第3のポイントは，企業会計分野における税効果会計の進展が，企業会計と法人税法の調整にどのような効果をもたらしたのか，という点で，日本よりこの分野の先進国である米国の状況を分析検討する。

④ 第4のポイントは，法人税法・企業会計・商法の3者が関連する事項として引当金に関するそれぞれの相違と調整の過程を分析する。

⑤ 第5のポイントは，2001年における3度の商法改正がもたらした法人税法への影響である。

この時期全般の特徴は，企業会計・商法の改正動向を受けて，法人税法がこれらの改正と調整する形で改正を行ったことである。企業会計は，会計の国際化等の影響で変革を続け，商法は，経済の動向に合わせて，自己の論理に基づいて改正を続けたといえる。

その背景としては，会計基準の制定母体が，旧大蔵省から金融庁へ移管され，さらに，会計基準の設定は，国際会計基準審議会（IASB）という民間団体が行うことになった。

旧大蔵省時代は，企業会計関連が証券局主管であり，税法を主管する主税局とは省内において摺り合わせができたといわれている。しかし，現状のような会計基準の制定母体の民間移管では，このような摺り合わせができない状態である。

また，商法改正は，法律内部の論理が優先して，外部である税法等との調整を行ったという形跡がない。

結局のところ、企業会計・商法・法人税法の制定母体は切り離された状態となり、その結果、法人税法は、企業会計・商法の改正の後を追いかけて調整を図ったといえるのである。本章は、そのような図式を分析する。

本書の結論部分である「一般に公正妥当な会計処理の基準」が何を意味するのかは、時代区分をした上で、それぞれの時代でこの概念が変化したのか、次章で検討することになる。

3　企業会計審議会から企業会計基準委員会へ

企業会計審議会は、2000年の金融庁分離独立の前までは、旧大蔵省の審議会であるが、金融庁発足後は、金融庁長官の諮問機関として会計基準を作成していたが、2001年に国際会計基準委員会（IASC）が国際会計基準委員会財団（IASCF）と国際会計基準審議会（IASB）に改組され、会計基準の設定は民間団体が行うことになり、2001年7月に公益財団法人財務会計基準機構の常設委員会である企業会計基準委員会が会計基準設定の主体となった。なお、企業会計審議会は、会計基準設定業務を企業会計基準委員会に移したが、それ以外の企業会計に関する業務を行い、答申等を行っている。

以下は、企業会計審議会と企業会計基準委員会が作成した会計基準のうち、法人税と関連のあるものを列挙した一覧表である。

イ　企業会計審議会

1949年	企業会計原則制定（1954年、1963年、1974年改正、最終改正1982年）
1962年	原価計算基準制定
1979年	外貨建取引等会計処理基準（最終改正1995年）
1990年	先物・オプション取引等の会計基準に関する意見書等について
1993年	リース取引に関する会計基準（最終改正2007年）
1998年	研究開発費等に係る会計基準
	退職給付に係る会計基準（最終改正2007年）
	税効果会計に係る会計基準

1999年	金融商品に関する会計基準(最終改正2019年)
2002年	固定資産の減損に係る会計基準
2003年	企業結合に係る会計基準(最終改正2019年)

□ 企業会計基準委員会

2002年	自己株式及び準備金の額の減少等に関する会計基準(最終改正2015年)
2005年	事業分離等に関する会計基準(最終改正2019年)
	ストック・オプション等に関する会計基準(最終改正2013年)
2006年	棚卸資産の評価に関する会計基準(最終改正2019年)
2009年	会計上の変更及び誤謬の訂正に関する会計基準
2018年	収益認識に関する会計基準

4 会計基準等と法人税法改正との関連

　以下に掲げた事項は,会計基準の設定を受けて法人税法が改正されたものばかりではなく,商法の改正に基因したものがあることから,税法自体の改正ではなく,外部の動向の影響を受けた事項という理解である。

1975年	外貨建債権債務の換算方法(注)
2000年	金融商品に対する時価評価等の導入(1999年「金融商品に関する会計基準」)
2001年	企業組織再編税制の創設(商法の分割法制の影響)
2002年	連結納税制度の創設
2009年	後入先出法,単純平均法の廃止(2008年「棚卸資産の評価に関する会計基準」の改正)
2018年	法人税法第22条の2の創設(2018年「収益認識に関する会計基準」)

(注)法人税法の施行令に定めて「外貨建債権債務の換算方法」は,1979年公表の「外貨建取引等会計処理基準」に先駆けた改正であるが,1973年2月に変動相場制に移行していること,1971年8月以降企業会計審議会の意見も出されていること等を勘案して行われたものである[3]。

5 会計ビッグバン

(1) 会計ビッグバンの意義

　金融ビッグバンは1996年，当時の橋本首相が提唱した金融市場の大改革のことであり，フリー（自由の市場），フェア（透明で信頼できる市場），グローバル（国際的な市場）を3原則に，閉鎖的だった日本の金融市場の構造を改革して，2001年までにニューヨーク，ロンドンなみの国際金融市場に再生することをねらったものである。

　会計ビッグバンは，金融ビッグバン等を通じて活性化された資本市場において資金調達等を行う企業が，グローバル・スタンダードに基づいた透明度の高い，比較可能な財務諸表の開示を要求されたことに基因したものである。具体的には，わが国の会計基準が国際会計基準等と同じ方向に向かって改訂されたことである[4]。

(2) 税についてのコスト意識の向上

　日本では，1975年6月に企業会計審議会が公表した「連結財務諸表の制度化に関する意見書」に基づいて1977年4月以降に開始する事業年度から導入されたが，当時は，個別財務諸表が主体であり，連結財務諸表は添付書類であった。

　1997年6月に企業会計審議会が「連結財務諸表制度の見直しに関する意見書」を公表し，2000年3月期決算から連結財務諸表主体に切り替わっている。また，同時に，前述の見直し意見書において，連結財務諸表上，税効果会計の適用が強制されるようになった。

　税務の問題としては，連結財務諸表の制度化により，企業のグループ経営の意識が強くなり，また，税効果会計が強制されたことに伴い，コストとしての税の意識もこれまで以上に高まったということができる。

　したがって，単独で財務諸表を作成していた時期には，例えば，日本の親会社の利益を重視し，外国子会社等から利益を還流させるという方式をとる企業もあったが，グループ経営では，税もコストと考え，この税コストの削減とい

う観点から資金の動きを図るという思考が台頭しつつあるといえる。

(3) 時価評価の導入

伝統的な評価基準である取得原価主義がなくなるということではないが，現在の価値を表す時価概念を導入する領域が拡大している。例えば，金融商品，固定資産の減損会計等はその現れといえる。

税務の領域においても，2000年度税制改正における法人税における有価証券の税務に時価が規定されている。この有価証券の税務に係る改正は，1999年1月に制定された「金融商品に係る会計基準」に影響されている。

要するに，時価とは現在における評価ということであり，時価主義が取得原価主義に変わったということではなく，必要に応じて時価主義が大幅に取り入れられるに至ったということである。

(4) 潜在的債務・評価損等の計上

バブル崩壊後の低金利，株価の低下等が原因となって企業の退職給付制度に影響が生じ，退職年金等の支払いを保証することが困難に至った企業も多い。このような隠れた債務を正式な債務とする会計が行われるようになった。また，従来の確定給付型から確定拠出型に制度が移行する等の措置も講じられている。

このほかにも，固定資産の減損会計では，将来の収益獲得価値が低下していることが判明した場合には，その帳簿価額が切り下げられることになる。

6　国際会計基準の動向

(1) 国際会計基準関連事項の年表

以下は，約40年間における国際会計基準の動向を年表にまとめたものである。

1973年	米国財務会計基準審議会（Financial Accounting Standards Board：FASB）設立
	国際会計基準委員会（IASC）が国際会計基準の作成等を目的として各国の会計士団体により設立
1975年	IAS第1号公表
1988年	1988年の証券監督者国際機構（IOSCO）第13回総会において国際会計基準を支持する表明等
	米国財務会計基準審議会（FASB）が諮問グループに参加し，理事会にオブザーバー参加
1990年	欧州共同体（EC）が諮問グループに参加し，理事会にオブザーバー参加
1996年	（日本）会計ビッグバン
1998年	国際会計基準委員会は，1993年に証券監督者国際機構から示されたコア・スタンダード（会計基準の核となる項目）を完成
1999年	米国の監査法人により，日本基準により作成された財務諸表であり米国基準とは異なるというレジェンド（legend：警句）を付記することが求められた。
2001年12月	（米国）エンロン社破綻
2002年9月	（米国）ノーウォーク合意（国際会計基準審議会と米国財務会計基準審議会が国際的な会計基準についてコンバージェンス（convergence）することで合意）
2007年	2007年問題：EUは，EU域内の上場企業に国際会計基準を強制することにしたが，この場合，国際的に認められた基準と同等な会計基準の使用を認め，同等でない会計基準は2007年1月1日以降使用が認められないことになった。これがいわゆる2007年問題である。強制適用の実施は，2009年，さらに2011年に延期された。
2007年8月	（日本）企業会計基準委員会はIASBと会計基準のコンバージェンスに合意（2011年6月期限：東京合意）
2009年2月	企業会計審議会・企画調整部会「IFRS導入に関する中間報告（案）」 中間報告案では，日本の場合，上場企業の連結財務諸表について，2010年3月期からIFRSの任意適用を容認し，2012年ごろを目途として，IFRSの強制適用について判断するとした。ちなみに，EUは，2005年から，カナダ，インド，韓国は2011年から国際会計基準の強制適用を行っている。

2009年6月	（日本）企業会計審議会から「我が国における国際会計基準の取扱いに関する意見書（中間報告）」が公表され，任意適用或いは強制適用のロードマップが示された。
2011年6月21日	（日本）自見庄三郎金融担当大臣がIFRSの強制適用に消極的見解を発表
2015年6月30日	（日本）企業会計審議会から「修正国際基準（国際会計基準と企業会計基準委員会による修正会計基準によって構成される会計基準）」の公表

（2）国際会計基準の沿革
　　―convergence，legendをキーワードとして

　国際会計基準審議会（IASB）の前身である国際会計基準委員会（IASC）は，1973年に国際会計基準の作成等を目的として各国の会計士団体により設立された。この国際会計基準が次第に影響力を得た背景には，1987年の証券監督者国際機構（IOSCO）の諮問グループとしての参加，1988年の証券監督者国際機構第13回総会において国際会計基準を支持する表明等があり，また，1988年に米国財務会計基準審議会（FASB），1990年に欧州共同体（EC）が諮問グループに参加し，理事会にオブザーバー参加していること等がある[5]。

　このように発足当初の国際会計基準委員会（IASC）が注目を集めることができなかった原因としては，国際会計基準を支持する団体等がなかったこと，米国財務会計基準審議会の非協力等があったが，1988年の証券監督者国際機構の支持以降，多くの関心が集まるようになった。

　国際会計基準委員会は，1993年に証券監督者国際機構から示されたコア・スタンダード（会計基準の核となる項目）を1998年に完成させている。

　1980年代後半に至るまで国際会計基準に非協力的であった米国財務会計基準審議会（FASB）は，エンロン事件等による会計基準見直しの影響等もあって，2002年9月に米国コネチカット州のノーウォーク（Norwalk）において合同会議を開催して，国際会計基準審議会と米国財務会計基準審議会が国際的な会計基準についてコンバージェンス（convergence）することで合意している（ノーウォーク合意）。

また，EUは域内の上場企業に国際会計基準を強制することとしたが，この場合，国際的に認められた基準と同等な会計基準の使用を認め，同等でない会計基準は2007年1月1日以降使用が認められないことになった。この2007年問題に向けて，日本の会計基準を国際会計基準に対してコンバージェンスする必要等が生じ，当時の国際会計基準の動向に係るキーワードの1つは，convergence（摺り合わせ，収斂）という用語であり，日本，米国，カナダ等の国が，国際会計基準をそれぞれの国の会計基準とするのではなく，各国の会計基準と国際会計基準の同等性の評価とその後のコンバージェンスが焦点となった。

　他の1つは，日本固有の問題である。1999年頃から始まったとされているが，日本の会計基準に従って作成された財務諸表に関して，外国の利用者が米国会計基準又は国際会計基準に基づいて作成されたものと誤認しないように米国の監査法人により，「日本基準により作成された財務諸表であり米国基準とは異なる」という，レジェンド（legend：警句）を付記することが求められた。

（3）国際会計基準の必要性

　では，原点に戻って，なぜ国際会計基準が必要かというポイントは，次のとおりである。

　① 比較可能性の確保

　国際的な資本市場等における資本の調達，M＆A等の場合に，その対象となる企業の財務情報は，国際的に共通の会計基準に基づいて作成されていないと比較可能性が確保できない。

　② 企業の負担軽減

　企業は，日本基準，米国基準等と異なる基準に基づいて決算業務を行うことになり，負担が増加する。国際会計基準はこのような負担を軽減する。

　③ 日本の会計基準の動向

　日本は，国際会計基準とのコンバージェンスを図るために，会計ビッグバンとして新しい会計基準を制定している。このような動向の指針となっているのが国際会計基準である。

(4) 法人税法への影響

わが国において，商法の損益法的アプローチへの企業会計の貢献及び商法における会計慣行の斟酌規定，法人税法が商法決算を前提にした確定決算主義を採用している点，法人税法における所得算定の多くを公正なる会計処理の基準に依存していること等を称して商法，企業会計，税法のトライアングル体制といわれている。

商法では，2000年5月に成立した会社分割法制の創設，2001年のいわゆる金庫株に関する規制緩和，法定準備金等の改正等，2005年6月の会社法の成立等，いずれも税法の改正に先行して改正が行われている。

企業会計では，連結財務諸表制度の見直し等をはじめとする一連の会計基準の整備は，国際会計基準とのコンバージェンスを目標としたものであり，税効果会計の導入により，会計と税務の乖離を従来よりも意識しない状況になっている。

法人税法は，1998年度改正により，税率の引き下げと課税ベース拡大のために，賞与引当金等の引当金制度の廃止等を行い，2002年度の連結納税制度導入に際しても，税収不足の穴埋めとして退職給与引当金制度を廃止した。

したがって，かつてのトライアングル体制の骨格自体が消えたとはいえないが，相互の関連性が従来よりも相当に異なる状況にあることは事実である。

7　米国における税効果会計の出現

(1) 米国税効果会計出現の背景

日本では，1998年に「税効果会計に係る会計基準」が制定されているが，米国では，1944年にすでに税効果会計の問題が検討されている。そこで，米国において税効果会計という問題が生じた背景を最初に検討する。

最もインパクトのあった事象は，第2次世界大戦終了後，税法は，余剰設備に関して特別償却を認める等の措置を講じ，加速償却の導入[6]，投資税額控

除の導入，高率の戦時税率等，一定の政策課題実現のために，企業会計とは別に独自の処理方法を規定したことである。

（2）企業会計における動向の概要

税効果会計に関する問題を取り上げた最初の文書は，1944年にAIA（American Institute of Accountants）の会計手続に関する委員会（the Committee on Accounting Procedure：以下「会計手続委員会」という）が公表したARB（Accounting Research Bulletin：会計調査報告）の第23号「所得税等の会計」が最初である[7]。そして，税効果会計として，現在につながる理論的な検討は，1967年12月にAICPAのAPB（Accounting Principles Board：会計原則審議会（以下「APB」という））が公表したAPB第11号である[8]。

（3）ARB第23号

会計手続委員会の分析によれば，一般に認められた会計原則に基づく当期純利益（企業会計の利益）と課税所得との間に大きな相違が生じていることが指摘されている。企業会計の利益と課税所得が相違する原因は，準備金，控除項目或いは譲渡益等において，企業会計の計算と課税所得の計算が異なるためである。結果として，会計手続委員会は，所得税を期間配分することにしたのである。

会計手続委員会は，所得税を他の一般の費用項目と同様に配分すべき費用であると考えたのであるが，損益計算書に配分されるべき所得税の金額は，該当する取引が生じなかったならば納付されるであろう額とした。

ARB第23号は，税務会計と企業会計における差異を調整して調和を図るという路線から離れて，所得税（超過利潤税を含む）の負担増を背景にして，所得税の期間対応を提言している。このような事態に至った理由として考えられることは，税引前利益から控除される所得税等の金額の比重が増加したことにより，利害関係者の所得税額に対する関心が高まったことと，所得税額が損益計算書の利益額に大きな影響を及ぼしたからといえる。逆にいえば，税引後の当期純利益を大きくするためには，所得税等の控除額を適正に計算した金額にする必要があったものと思われる。

また，税効果会計の観点からいえば，1944年の段階では，税効果会計の理論的な枠組みがこの段階では未完成な状態であったといえる。

ARB第23号の検討において興味ある点は，企業会計における所得税の取扱いを問題として取り上げた主たる要因が所得税額の負担増であり，戦時緊急設備に係る加速償却等が主たるものではないということである。そして，所得の期間配分を行う理論的な根拠として，所得税が事業上の費用であるとしたことである[9]。

(4) 税効果会計への理論的系譜

所得税を費用として認識し，それ以外の費用項目と同様に期間配分することができることを表明したのは，1944年12月に公表されたARB第23号である。ARB第23号では，所得税の増加により財務諸表に与える影響が大きくなったことを要因として，減価償却の影響は評価されていなかった。

しかし，ARB第23号から約10年後に公表されたARB第42号では，企業会計は通常の減価償却を行い，税務上は加速償却を行うとして，税効果の考え方を取り入れている。そして，ARB第42号の作成後に，1954年内国歳入法典の全文改正により定率法等が税法に規定された結果，会計手続委員会の見解としては，税効果の認識を行わず，定率法適用による税額の減少が数年で調整される限り，別段の調整を行わないとしている。

この1954年以降，AICPAのAPBがAPB第11号公表した1967年12月までの間に，税効果を巡り見解が公表されている[10]。例えば，ヒル氏の論文では，永久差異と一時差異を分けて説明し[11]，ムーニッツ氏の税効果についてヒル氏が反論しているが，これについてデビッドソン氏は，両者の見解が税務会計では定率法が適用され，企業会計では，定額法が適用されることに基因していることにおいて共通していると述べている[12]。

税効果会計とは，企業会計と税務会計との間の差異により，税引前利益と法人所得税等の期間対応を図るために，法人所得税等を期間配分する会計処理をいうが，企業会計と税務会計を統合しようとする考え方とは逆方向の企業会計と税務会計の分離を前提とした発想ということができる。

したがって，税効果に係る会計処理が行われるのであれば，税務会計と企業

会計において異なる処理（例えば，税務会計で定率法，企業会計で定額法，税務会計で純損失の繰延べ或いは繰戻し等）を適用しても，財務諸表上の所得税額等の調整を行うことにより，財務諸表における税引前利益と法人所得税額は対応することになる。

結果として，税効果会計の採用は，企業会計側の対税務会計に対する調整方法の確立であり，税務会計は，内国歳入法典第446条により企業会計における会計処理に基本的に従うことを規定しているのである。

1960年代頃，税務会計と企業会計が分離し，その距離を開いていく中で，両者を調整しようとする動きがなかったわけではない[13]。

この問題について，留意すべき事項は，税務会計と企業会計間の距離が開いていく中で，内国歳入法典第446条において，会計帳簿における所得計算において通常適用されている会計処理の方法に基づいて課税所得が計算される，と規定され，この規定は，1954年から現在に至るまでの間，改正されていないことである。

両者が相違する原因は，収益或いは費用を認識する時期の相違，税法上の別段の定めによる益金不算入或いは損金不算入等の項目の存在であるが，すでに検討したように，減価償却のように政策性の強い領域では，両者を一致させることは無理である。

したがって，両者を一致させることにより生ずる利点は，簡素化，確実性，公平性の向上等が考えられるが，会計帳簿における処理と税務上の処理を一致させるという動きまでには至っていない。

税務会計と企業会計は，内国歳入法典第446条において基本的に連携しているが，米国税法は，わが国における損金経理要件のような拘束性がない分，企業会計における処理を考慮することなしに自由に税法改正が行えるという利点を有しているものと思われる。

以上は，米国における税効果会計の変遷であるが，事情は日本も同じで，企業会計と法人税法の間に相違が生じたとしても，企業会計では，法人税額等を期間配分することで，適正な利益計算を行う目的を果たすことになり，両者を一致させるという必要性が低下したため，会計基準は独自の路線を走ることになる。

(5) 日本の税効果会計

1998年に公表された「税効果会計に係る会計基準」は1999年4月から強制適用されている。税効果会計が規定されたのは，1976年公表の連結財務諸表規則第11条である。また，1998年に公表された「商法と企業会計の調整に関する研究会報告書」において「税効果の調整は商法においても望ましいのではないかと考えられる。」と記述されている。

8 引当金を巡る法人税法・企業会計・商法の動向

(1) 法人税法における引当金の規定の変遷

1950年以降の法人税法における引当金の規定の変遷は，次のとおりである[14]。

1950年改正	貸倒準備金（1964年貸倒引当金に名称変更）
	船舶修繕引当金（1951年特別修繕引当金に名称変更：1998年廃止）
1951年改正	退職給与引当金（2002年廃止）
1965年改正	賞与引当金（1998年廃止）
	返品調整引当金（2018年改正により廃止）
1970年改正	完成工事保証引当金（1971年製品保証引当金に名称変更：1998年廃止）

(2) 企業会計原則における引当金の変遷

1949年に制定された企業会計原則は，1954年，1963年，1974年と改正され，最終改正は1982年である。以下は，企業会計原則改正時の引当金関連の規定である[15]。

1949年	第三貸借対照表原則「納税引当金，修繕引当金等を設けたときは，流動負債の部に記載する。」
1954年改正	「納税引当金，修繕引当，渇水準備金等を設けたときは，流動負債に属するものとする。」（一部改正）

	「退職給与引当金,特別修繕引当金等は固定負債に属するものとする。」(新規規定) (注解17)を新設
1963年改正	評価勘定に属するものと負債の性質を持つものがあり,注解・注16を新設
1974年改正	注解・注18で,①将来の支出の確実性,②支出原因事実の存在,③支出額の合理的見積,の要件を規定した。
1982年改正	二) 負債 ・引当金のうち,賞与引当金,工事保証引当金,修繕引当金のように,通常1年以内に使用される見込のものは流動負債に属するものとする。(注18) ・引当金のうち,退職給与引当金,特別修繕引当金のように,通常1年をこえて使用される見込のものは,固定負債に属するものとする。(注18) ［注18］ 引当金について 　将来の特定の費用又は損失であって,その発生が当期以前の事象に起因し,発生の可能性が高く,かつ,その金額を合理的に見積ることができる場合には,当期の負担に属する金額を当期の費用又は損失として引当金に繰入れ,当該引当金の残高を貸借対照表の負債の部又は資産の部に記載するものとする。 　製品保証引当金,売上割戻引当金,返品調整引当金,賞与引当金,工事補償引当金,退職給与引当金,修繕引当金,特別修繕引当金,債務保証損失引当金,損害補償損失引当金,貸倒引当金等がこれに該当する。 　発生の可能性の低い偶発事象に係る費用又は損失については,引当金を計上することはできない。

　上記の1982年改正では,「当該引当金の残高を貸借対照表の負債の部又は資産の部に記載するものとする。」としていることから,減価償却引当金（減価償却累計額と改称）を除いて評価性引当金（貸倒引当金）も一元的に規定している。

(3) 商法における引当金

　商法における引当金に係る規定（第287条の2）は,1962年の改正（以下「62年改正」という）により創設された以下のものである[16]。

> 特定ノ支出又ハ損失ニ備フル為ニ引当金ヲ貸借対照表ノ負債ノ部ニ計上スルトキハ,其ノ目的ヲ貸借対照表ニ於テ明ラカニスルコトヲ要ス
> ②前項ノ引当金ヲ其ノ目的以外ニ使用スルトキハ,其ノ理由ヲ損益計算書ニ記載スルコトヲ要ス

　上記の規定は,「商法等の一部を改正する法律案」として審議され,1981年6月3日の参議院本会議で可決成立し,第287条ノ2は,以下のように改正され(以下「81年改正」という),第2項は削除された。

> 特定ノ支出又ハ損失ニ備フル為ノ引当金ハ其ノ営業年度ノ費用又ハ損失ト為スコトヲ相当トスル額ニ限リ之ヲ貸借対照表ノ負債ノ部ニ計上スルコトヲ要ス

　62年改正に規定された引当金は,「特定引当金」ということになるが,企業会計上の引当金との比較は次のようになる。

企業会計上の引当金	・評価性引当金 ・負債性引当金

　上記のうちの企業会計上の負債性引当金は,商法上次のように分類される。

企業会計上の負債性引当金	(商法上の区分) ・債務性を有するもの:条件付債務(退職給与引当金・製品保証引当金),金額不確定債務(支払期日・期限,金額,相手方のいずれかが不確定の債務)が負債の部に計上されることを強制され特定引当金に該当しない。 ・債務性を有しないもの(特定引当金):修繕引当金等

　62年改正における特定引当金が利益留保の性格を持つものまでがこれに該当するという広義説が一般化したことで,81年改正によりこの広義説を制限したのである[17]。
　その後,商法第287条ノ2は廃止され,2006年5月1日施行の会社法の会社計算規則では,引当金に関連する規定は次のようになっている。

> **第75条第2項第1号**（流動負債）：ニ　引当金（資産に係る引当金及び1年内に使用されないと認められるものを除く。）
> **第75条第2項第2号**（固定負債）：ハ　引当金（資産に係る引当金，前号ニに掲げる引当金及びニに掲げる退職給付引当金を除く。）
> 　ニ　退職給付引当金（連結貸借対照表にあっては，退職給付に係る負債）
> **第77条**：同一の工事契約に係るたな卸資産及び工事損失引当金がある場合には，両者を相殺した差額をたな卸資産又は工事損失引当金として流動資産又は流動負債に表示することができる。
> **第78条**（貸倒引当金等の表示）：各資産に係る引当金は，次項の規定による場合のほか，当該各資産の項目に対する控除項目として，貸倒引当金その他当該引当金の設定目的を示す名称を付した項目をもって表示しなければならない。ただし，流動資産，有形固定資産，無形固定資産，投資その他の資産又は繰延資産の区分に応じ，これらの資産に対する控除項目として一括して表示することを妨げない。

（4）小　括

　法人税法では，1998年に法人税率の引き下げ（37.5％から34.5％）に伴う課税ベースの見直しが行われ，6項目の引当金のうち，返品調整引当金を除く5項目が改正され，特別修繕引当金，賞与引当金，製品保証引当金が廃止され，2002年に連結納税制度創設に伴う税収減を補うため退職給与引当金が廃止され，返品調整引当金が2018年の改正で廃止され，貸倒引当金は2011年12月の改正により，適用対象法人が，①資本金1億円以下の中小法人等（大法人との間に完全支配関係がある法人は除く），②銀行，保険会社，これらに準ずる法人，③売買があったものとみなされるリース資産の対価の額にかかる金融債権等を有する法人，とされている。

　法人税法では，引当金は別段の定めであることから，企業会計の観点から，発生主義と費用収益対応の原則に基づいて平成10年の改正前は6種類の引当金が規定されていたが，税収確保の観点から廃止され，わずかに適用対象法人を限定した形で貸倒引当金のみが適用となっている。

　商法は，会社法により改正され，会社法第431条「株式会社の会計は，一般に公正妥当と認められる企業会計の慣行に従うものとする。」及び会社計算規

則第3条(会計慣行のしん酌)「この省令の用語の解釈及び規定の適用に関しては,一般に公正妥当と認められる企業会計の基準その他の企業会計の慣行をしん酌しなければならない。」の規定に任せるというものである[18]。

結果として,会社法と企業会計は関連性を維持しているが,法人税法は,引当金については,独自路線ということになる。

9　2001年商法改正に伴う税制改正

2001年5月18日に与党三党が議員立法により国会に提出した自己株式の取得及び保有制限の見直しを柱とする商法改正案(以下「第1次改正」という)は,同年6月22日に成立し,6月29日に公布され(平成13年法律第79号),10月1日より施行されている。このいわゆる金庫株解禁に関する商法改正に伴い,法人税等の関連法律(平成13年法律第80号)及び税法関連政令(平成13年政令274号等)の整備が行われている。

また,新株予約権等を柱とする商法改正案(以下「第2次改正」という)が,2001年11月21日に成立し(平成13年法律第128号),11月28日に公布され,2002年4月1日より施行されている。この改正に係る税法関連法令の改正は,商法における新株予約権の創設により,2002年度税制改正において,従前のストックオプション税制等が改正されている。なお,株主代表訴訟制度等の見直しを柱とする「商法及び株式会社の監査等に関する商法の特例に関する法律の一部を改正する法律」(以下「第3次改正」という)は,2001年12月5日成立し,同12月12日に公布(平成13年法律第149号)されている。

本項は,この一連の商法改正による税制改正等を検討することが目的である。そこで,最初に商法の改正から影響を受けたストックオプションの税務をまとめ,次に,それ以外の項目について述べることとする。

10　1996年度税制改正によるストックオプション税制の創設

（1）ストックオプション制度の創設

　1996年度税制改正により創設されたストックオプション制度に係る課税の特例（以下本項において「ストックオプション税制」という）は，商法の特例として，新しい産業分野の原動力となる新規事業活動を支援し，特定新規事業実施円滑化臨時措置法に定める特定新規事業に必要な人材を確保するために，特定新規事業の実施計画の認可を受けた株式会社が，未公開会社である期間において，株主総会の特別決議を経て，認定会社の取締役又は使用人等に特に有利な発行価額で新株を発行することができるとするストックオプション制度が創設され，1995年11月16日から施行された。

（2）ストックオプション税制の概要

　ストックオプション制度創設に伴い，同制度の円滑な運用のために税制においても課税の特例措置が定められた。

　ストックオプション制度により取締役等が，新株を取得する権利を取得してこれを行使するときは，そのオプション価格と行使価格の差額は，原則として，経済的利益として給与所得の課税が行われるが，ストックオプション税制では，納税資金のために取得した株式を譲渡することのないように，この経済的利益の課税を繰り延べる措置を講じている。

　この特例の適用を受けて取得した新株は，譲渡した時点で株式等の申告分離課税が適用されて（源泉分離課税の選択はできない），譲渡の対価と権利付与時の価格の差額である譲渡益に課税を受けることになる。

　適用対象となる取締役又は使用人は，新規事業法に定める認定会社における特別決議により特に有利な発行価額で新株発行を受けることのできる個人である。ただし，認定法人の大口株主（認定法人の発行済株式総数の3分の1，通信・放送開発法の認定会社の場合は5分の1を超えて所有する者）等は適用対象者から除かれ，その付与の決議の日から2年の間は，権利の行使ができないこと，新

株の年間発行価額の合計額（500万円）等の制限があった。

（3）1997年商法改正

イ　商法の一部改正の概要

1997年5月16日に，ストックオプション制度の一般化を図った「商法の一部を改正する法律」（平成9年法律第56号）が可決成立し，5月21日に公布された。

この商法改正において定められたストックオプションは，取締役又は使用人を譲渡対象者として，自己株式を活用する自己株式方式と新株引受権（ワラント）を利用する新株引受権方式の2つであり，双方を同時に使用できないこととされた。

ロ　自己株式方式

この方式の概要は，次のとおりである。

① 自己株式の取得の数量制限として，発行済株式総数の10分の1以内である。なお，取得金額の上限は，配当可能利益を限度とする。
② 譲渡するために取得する株式の種類，総数，取得総額は，定時株主総会の決議が必要である。
③ 株式を譲渡する取締役，使用人の氏名，譲渡する株式の種類と数，譲渡価額，権利行使期間，権利行使の条件は，定時株主総会の決議が必要である。
④ 権利を行使できる期間は，決議後10年の間である。
⑤ 権利の付与に係る期間は，決議後最初の決算期に係る定時株主総会終結の時までである。

ハ　新株引受権方式

この方式の概要は，次のとおりである。

① 新株引受権型ストックオプションは，会社の定款に定めが必要である。
② 新株引受権を付与する取締役，使用人の氏名，付与する株式の額面・無額面の別，種類と数，発行価額，新株引受権の行使期間，権利行使の条件は，株主総会の特別決議が必要である。

③ 権利を行使できる期間は，決議後10年の間である。
④ 数量制限は，発行済株式総数の10分の1以内である。
⑤ 新株引受権の付与に係る期間は，株主総会の特別決議後1年の間である。

(4) 1998年度税制改正

1997年5月に商法の一部改正が行われて，従来特定のいわゆるベンチャー企業のみに認められていたストックオプションが一般化されたことは上述のとおりである。

税法は，1998年度改正において1996年度改正によるストックオプション課税を骨子としてこれを継続する形で同税制を整備している。

株式会社の取締役又は使用人である個人（以下「取締役等」という）で，所定の大口株主及び当該大口株主と特殊な関係にある個人（大口株主の特別関係者）を除く者又は当該取締役等の所定の相続人は，商法の自己株式方式に規定する株式譲渡請求権又は新株引受権方式に規定する新株引受権を定時総会等の決議に基づいた契約に従って行使して株式（以下「特定株式」という）を取得した場合の経済的利益について，一定の要件の下で所得税の課税が繰り延べとなる。

この特定株式等は，譲渡した場合に，申告分離課税により課税を受けるが，源泉分離課税の適用を受けることはできない。したがって，ストックオプションの権利行使時において課税が繰り延べられた経済的利益は，この時点において課税を受けることになる。

(5) 法人税における処理

1998年度税制改正により，ストックオプション税制は，その権利を付与される取締役等に係る所得課税を中心として整備されたが，その権利を付与する株式会社における規定が新設されている。

既に述べたように，1997年の商法の一部改正により導入されたストックオプション制度は，自社株式方式と新株引受権方式の2つを選択して利用することとなっていた。

このうち，新株引受権方式による株式の交付は資本等取引に該当することから，法人課税上の問題は生じない。したがって，法人課税上問題となるのは，

自社株式方式（措置法の規定では株式譲渡請求権）ということになる。その概要は，以下のとおりである。

① 内国法人が，株式譲渡請求権を行使した者に対し，株式譲渡請求権に係る契約において定められた権利行使価額により自己株式を譲渡した場合，その譲渡は，正常な取引条件でなされたものとしてその譲渡した日を含む事業年度の課税所得を計算する。すなわち，自己株式の譲渡は，時価により譲渡したものとして当該株式の譲渡損益を計算することになる。

② 権利行使価額が，権利を付与した日の自己株式の時価を下回る場合，その差額は，権利付与日を含む事業年度を基準として判定して，権利者である役員又は使用人に対して支払った給与の額であるとした場合に，役員賞与又は過大報酬等に該当して損金不算入となる金額が生じるときには，その損金不算入となる金額を権利行使日を含む事業年度において益金算入する。

(6) 2001年新株予約権等に係る商法改正

2001年6月の商法の第1次改正により，自己株式の取得等が原則禁止から原則自由となり，ストックオプションを目的とする自己株式の取得等が廃止されている。

ストックオプションとしての新株予約権の発行は，新株予約権行使時の株式時価よりも払込金額を低く設定することから新株予約権の有利発行に該当することになる。

(7) 2002年度税制改正による改正

税法は，1996年度改正によるストックオプション税制の創設，1998年の税制改正と商法等の改正を背景としてストックオプション税制を改正しているが，その原型は1996年度改正にあるといえる。

2002年度改正は，2001年12月14日の与党三党による「平成14年度税制改正大綱」によれば，課税上の基本的な事項は1998年度改正の延長線上にあると考えるべきであろう。

11　自己株式の取得・保有等の規制緩和に係る税務

自己株式の取得・保有等の規制緩和は，第1次改正により規定されている。法人税法及び所得税法に係る改正は，第1次改正に伴う「商法等の一部を改正する等の法律の施行に伴う関係法律の整備に関する法律」及び平成13年8月の「所得税法施行令等の一部を改正する政令」（政令第274号，財務省）により行われている。

（1）改正前の取扱いと改正点

第1次改正に伴う税法改正前においては，自己株式の取得及び譲渡は，有価証券の取得及び譲渡として，通常の売買取引と同様の取扱いであった。

第1次改正に伴う改正点としては，資本積立金及び利益積立金に係る改正，みなし配当に係る法令が改正されている。

みなし配当に係る改正では，証券取引所の開設する市場における購入による取得その他政令で定める取得を除く自己株式の取得について新たな規定が設けられた。

この規定では，譲渡をした株主は，その交付を受けた金銭等の額が，発行法人の資本等の金額を超えるときには，その超える金額がみなし配当となる。ただし，自己株式の取得の場合であってもみなし配当にはならない例外措置もある。

（2）法人株主の税務

自己株式の発行法人に対して，その自己株式を所有する法人が当該自己株式を譲渡した場合，発行法人から交付された金額からその交付の基因となった株式に対応する資本等の金額を控除した差額は，みなし配当となる。すなわち，譲渡対価から，1株当りの資本等の金額に取得自己株式数を乗じた額を控除した額がみなし配当となる。

また，株式の帳簿価額と株式に対応する資本等の金額との差額は，株式の譲渡益となる。なお，市場性ある株式を市場において取引した場合には，みなし

配当課税はなく譲渡益の課税となる。ただし，公開買付は，売主が相手方を知り得ることからみなし配当課税の適用となる。

(3) 個人株主の税務

自己株式の発行法人に対して，その自己株式を所有する個人が当該自己株式を譲渡した場合，発行法人から交付された金額からその交付の基因となった株式に対応する資本等の金額を控除した差額は，みなし配当となる。また，発行法人から受け取った金銭等の額からみなし配当額を控除した金額を株式売却収入として，株式の譲渡益が計算される。その理由は，株主等が交付を受けた金銭等の全額が資本等の金額から構成されるものとして取り扱われるためである。

市場性ある株式を市場において取引した場合には，みなし配当課税はなく譲渡益の課税となる。なお，2002年度税制改正により，上場会社等の自己株式の公開買付の場合のみなし配当課税の特例の適用期限が3年延長されている。公開買付の場合は，みなし配当課税が適用されない。

(4) 自己株式の譲渡損益

2002年度税制改正によれば，自己株式の処分に伴って生ずる譲渡損益に相当する金額は，資本積立金額の増加又は減少とするとなっている。

12　法定準備金制度の緩和に係る税務

法定準備金制度の緩和に係る改正は，第1次改正により規定されている。この改正における利益準備金の積立義務の緩和として，利益準備金は，資本準備金の額とあわせて資本の4分の1に達するまで積み立てることに改正されている。また，改正前には，法定準備金の使途は，資本欠損の塡補，資本組入れ又は公開会社における資本準備金の株式任意消却への使用に限られ，欠損塡補のためには，利益準備金，資本準備金の順序で取り崩すべきものとされていた[19]。

改正では，法定準備金のうち，資本の4分の1を超える金額についてその使途の制約が撤廃されている。また，欠損塡補のためには，利益準備金が，資本

準備金に優先して取り崩す規制も撤廃されている。なお，当該改正により，減資差益は資本準備金から削除されている。

この法定準備金の使途としては，①持ち株比率に応じた株主への分配，②自己株式・自己持分の買受け，③減資差損等の消去が想定されていた[20]。

2001年改正では，資本準備金を減少させてその他の剰余金として株主に分配する場合の処理について，法令の改正が見当たらない。したがって，税法上では，2001年改正前の規定によりその適用を図るのであれば，この株主への分配を利益積立金の減算とする利益配当として課税の生じる余地もある[21]。しかし，資本準備金の減少は，資本の払い戻しとする考え方もあり，当該減少に相当する部分の金額は，資本等取引として処理することも可能といえようことから，資本積立金の処理について新たな規定が創設される場合を除いて，2001年改正時点における解釈としては，資本準備金を減少させてその他の剰余金として株主に分配する場合，利益積立金の減算として考えるのが妥当といえよう[22]。

◆注
1） 水野勝『税制改正五十年―回顧と展望―』大蔵財務協会，2006年，があり，所得税・法人税等の詳細な規定を解説したものとして，吉牟田勲「戦後税制改正意外史」『税務弘報』1979年1月～1981年12月連載，がある。
2） 日本の国際税務の展開は重要な事項であるが，それについては，矢内一好『日本・国際税務発展史』中央経済社，2018年，に詳述してあるので，本稿では省略する。
3） 国税庁『昭和50年　改正税法のすべて』98頁。
4） 冨塚嘉一『企業経営とグローバル革命　会計が変わる』講談社，2002年，21-24頁。
　なお，会計ビッグバンといわれる会計基準の制定は，次のとおりである。
　① リース取引に係る会計基準（1993年6月）
　② 連結財務諸表制度の見直し（1997年6月）。連結財務諸表の導入は1977年4月
　③ 連結キャッシュ・フロー計算書等の作成基準（1998年3月）
　④ 研究開発費等に係る会計基準（1998年3月）
　⑤ 退職給付に係る会計基準（1998年6月）
　⑥ 税効果に係る会計基準（1998年10月）
　⑦ 金融商品に係る会計基準（1999年1月）
　⑧ 固定資産の減損に係る会計基準（2002年8月）
　⑨ 企業結合に係る会計基準（2003年10月）
5） 組織等の略称は，次のとおりである。

・欧州証券規制当局委員会（The Committee of European Securities Regulators：CESR）
・企業会計基準委員会（Accounting Standards Board of Japan：ASBJ）
・国際会計基準（International Accounting Standards：IAS）
・国際会計基準委員会（International Accounting Standards Committee：IASC）
・国際会計基準審議会（International Accounting Standards Board：IASB：2001年4月1日より活動開始）
・国際財務報告基準（International Financial Reporting Standards：IFRS：国際会計基準）
・証券監督者国際機構（International Organization of Securities Commissions：IOSCO）
・米国財務会計基準審議会（Financial Accounting Standards Board：FASB）

6) 小森瞭一『加速償却の研究―戦後アメリカにおける減価償却制度―』有斐閣, 2002年4-7頁。
7) Accounting Research Bulletin No.23, Accounting for Income Taxes, The Journal of Accountancy, Vol.79, No.6, June.1945.
8) APB, APB opinion No.11：Accounting for Income Taxes, The Journal of Accountancy, February, 1968.
9) 連邦所得税, 州所得税及び超過利潤税は, 事業を行う上での費用或いは利益の分配のいずれかであり, 理論的には税は政府の持分である（Greer, Howard C., "Treatment of Income Taxes in Corporation Income Statements", The Accounting Review, Vol.20, No.1, January, 1945, pp.96-97.）。
10) 税効果を行うべきとするムーニッツ教授の見解（Moonitz, Maurice, "Income Taxes in Financial Statements", Accounting Review, Vol.32, No.2, April, 1957.）に対して, ヒル準教授はこれを批判している（Hill, Thomas M., "Some arguments against the inter-period allocation of income taxes", Accounting Review ,Vol.32, No.3, July, 1957.）。また, この両者の見解をまとめたのがデビッドソン教授の見解である（Davidson, Sidney, "Accelerated Depreciation and The Allocation of Income Taxes", Accounting Review Vol.33 No.2 April, 1958.）。
11) Hill, ibid., p.357.
12) Davidson, op. cit, p.173.
13) Nolan, John S., "The Merit in Conformity of Tax to Financial Accounting", TAXES Vol.50 No.12, December, 1972.
14) 吉牟田勲, 前掲論文, 1980年8月～1981年6月連載分。
15) 若杉明「引当金会計の現代的意義」『LEC会計大学院紀要7』2010年, を参考とした。
16) この規定の変遷については, 次の論稿が詳しい。竹下昌三「商法第287条ノ2の引当金」

『岡山大学経済学会雑誌』14巻3・4号，1983年。
17) 若杉明，前掲論文，8-10頁。
18) 同上，11頁。
19) 江頭憲治郎「法定準備金制度の規制緩和」『ジュリスト』1206号，119頁。
20) 同上，119-120頁。
21) 武井一浩「金庫株解禁等改正商法の解釈上の論点と実務」『別冊商事法務』245号。
22) 法人税は2003年2月28日の法人税基本通達改正（課法2-7，課審4-9）により，次の通達（旧3-1-7の5）を新設している。

「法人が受ける利益の配当が，商法第289条第2項（法定準備金の取崩し制限）の規定による資本準備金の取崩しにより生じたその資本剰余金を原資として行われたものであっても，法第23条（受取配当等の益金不算入）の規定の適用があることに留意する。」

すなわち，税務は，これまで配当原資に着目してその課税処理を定めていたが，上記の通達では，株主が受取る配当はその原資に関わらず配当として課税することを定めている。

この資本準備金が配当原資になることについて，商法側の見解は次の通りである（原田晃治・泰田啓太・郡谷大輔「自己株式の取得規制等の見直しに係る改正商法の解説」『別冊商事法務』255号所収，37頁）。

「商法は貸借対照表上の純資産額から資本，法定準備金等の額を控除した残額を利益配当の上限としているのであり，「利益」という文言は，決算期に生じた剰余金を株主に対して平等に分配する行為を呼ぶ名称として使用したにすぎないものと考えられる。このように理解すれば，資本性の剰余金が配当の原資になったとしても，会計的な観点からの違和感は別として，これまでの商法の体系を逸脱するものとはいえない。」という考え方を示している。この法定準備金の取崩等に係る税務に対する江頭氏の見解によれば，減少させた資本準備金を配当することはこれまでの税制では予想しなかったことであろう，ということである（江頭憲治郎「法定準備金制度の規制緩和」『ジュリスト』1206号，121頁）。

第12章

2018(平成30)年法人税法第22条の2の創設

1 国際会計基準の動向

　法人税法第22条の2(以下「22条の2」という)創設の原因となった企業会計基準第29号「収益認識に関する会計基準」(以下「29号基準」という)と,さらに,29号基準制定の原因となったIFRS(International Financial Reporting Standards)15号(以下「IFRS15号」という)について,最初にIFRS15号→29号基準→22条の2の沿革は,下記の年表にまとめたが,この原因となったのは,米国の会計基準が国際会計基準と相違していたにもかかわらず,米国が独自路線に固執したことにある。米国は,2001年12月の粉飾決算によるエンロン社破綻以降,米国会計の威信の低下により従来の独自路線を放棄してIASBと会計基準の摺り合わせ(convergence)をすることになったのが発端である。

　その結果が,従来の業種ごとという統一性に欠けた収益の認識基準に代わって,包括的な収益認識の基準作成に着手し,2014年にIFRS15号が制定された。

　企業会計基準委員会(ASBJ)は,国内外の比較可能性を確保するためにIFRS15号を全面的に受け入れ,2018年3月30日に企業会計基準第29号「収益認識に関する会計基準」,企業会計基準適用指針第30号「収益認識に関する会計基準の適用指針」を公表したのである。

　法人税法は,2018年度税制改正において,29号基準を踏まえて,法人税法第22条の2を創設し,2018年5月30日に関連する基本通達が整備公表された。

2002年5月	FASBが収益認識に関して包括的な基準制定に向けたプロジェクト開始
2002年9月	(米国)ノーウォーク合意(国際会計基準審議会(IASB)と米国財務会計基準審議会(FASB)が国際的な会計基準についてコンバージェンス(convergence)することで合意し,共同して収益認識に関する包括的な会計基準の開発を行うことになった)
2008年	IFRS15号のディスカッション・ペーパー
2010年	公開草案
2011年	再公開草案
2014年5月	「顧客との契約から生じる収益」(IFRS15号)が公表され,2018年1月1日以後開始する事業年度から強制適用となった。FASBにおいてはTopic 606を公表。
2015年3月	企業会計基準委員会(ASBJ)は,収益認識に関する包括的な会計基準の検討に着手。
2016年2月	ASBJは,国内外の比較可能性の確保をするためにIFRS15号を全面的に受け入れる方針の下で,「収益認識に関する包括的な会計基準の開発についての意見の募集」を公表。
2016年8月	ASBJが「中期運営方針」を公表。
2017年7月	企業会計基準公開草案第61号「収益認識に関する会計基準(案)」及び企業会計基準適用指針公開草案「収益認識に関する会計基準の適用指針(案)」を公表[1]。
2018年3月30日	企業会計基準第29号「収益認識に関する会計基準」,企業会計基準適用指針第30号「収益認識に関する会計基準の適用指針」を公表。2021年4月1日以後に開始する連結会計年度の期首から適用。
2018年3月	法人税法第22条の2創設
2018年5月30日	「収益認識に関する会計基準」の導入に伴い,2018年度税制改正により,法人税における収益の認識時期等について改正がなされ,課法2-8ほか2課共同「法人税基本通達等の一部改正について」(法令解釈通達)により関係通達の改正が行われた。

2 法人税法と企業会計との関連

　用語の変遷については，第10章「4　公正処理基準までの変遷」の表を以下で再掲すると，1967年の公正処理基準創設前の段階で，公正処理基準に類する用語は使用されていたのである。

1952年 第1次調整意見書	・継続的に適用される<u>一般に認められた会計原則</u> ・<u>公正妥当な会計原則</u>に従って算定される企業の純利益 ・健全な会計慣行における発生主義

　上記の表にある事項は，企業会計原則制定後「一般に公正妥当と認められる」というのは「ほぼ企業会計原則」を指していたと解さざるを得ない。それが条文として創設されたのが，1967年の公正処理基準である。この時期は，「企業会計原則の時代」である。

　次の期（「会計ビッグバンの時代」）は，会計ビッグバン以降，多くの会計基準が公表されているが，公正処理基準では，従前の「ほぼ企業会計原則」ではカバーできない事態が生じ，公正処理基準以外に，個別規定を設けることで以下のように対応したのである。

1975年	外貨建債権債務の換算方法
2000年	金融商品に対する時価評価等の導入（1999年「金融商品に関する会計基準」）
2001年	企業組織再編税制の創設（商法の分割法制の影響）
2009年	後入先出法，単純平均法の廃止（2008年「棚卸資産の評価に関する会計基準」の改正）

　この期は，「公正処理基準＋個別規定」という形態で，特に，公正処理基準を改正することはしていない。

　そして，22条の2は，公正処理基準の別段の定めということで，「国際会計基準の時代」ということになる。公正処理基準が「ほぼ企業会計原則」の状態で維持できないことが明らかになり，「公正処理基準＋別段の定め」という形になったものである。以下は，これまでの流れをまとめた表である。

1949年	経済安定本部の企業会計制度対策調査会が中間報告として「企業会計原則」を公表（7月9日）
1967年	法人税法第22条第4項（公正処理基準）を創設（「企業会計原則の時代」）
1996年	「会計ビッグバンの時代」
2018年3月	法人税法第22条の2創設（「国際会計基準の時代」）

3　29号基準の位置づけ

　すでに述べたように，IFRS15号➡29号基準➡22条の2，という沿革から，29号基準がIFRS15号を踏襲していることから，最初の疑問は次の点である。
　① 29号基準は，従前の会計基準の収益認識（実現主義）を全面的に改正したものなのか。
　② 29号基準は，従前の会計基準の収益認識を残しつつ，これを補完する基準なのか。
　22条の2に分析を行う前に，29号基準が上記の①或いは②のいずれなのかを明らかにする必要がある。そうすることで，22条2の意義も判明することになる。
　29号基準に関する分析として，万代勝信氏は次のように総括している[2]。
　第1に，29号基準はいくつかの実務の変更はあるが，これまでの実務を劇的に変えるものではないとして，日本の会計実務に影響を与える取引として，「財貨又はサービスに対する保証」「本人と代理人の区分」「追加の財又はサービスを取得するオプションの付与」「第三者のために回収される額」「変動対価」「割賦販売」を挙げている。
　この万代氏の分析は，それ以外の論稿を参照するまでもなく，公正処理基準（法人税法第22条第4項）が2018年度の税制改正においても基本的に改正されることなく存置され，22条の2が別段の定めとして創設されたことと一致することから，この分析を妥当なものということになろう。

4　22条の2の解釈

(1) 22条の2の条文

22条の2の条文の検討を行う前に，公正処理基準の条文は2018年度改正により一部変更されている（変更部分の下線筆者）。

> 4　第二項に規定する当該事業年度の収益の額及び前項各号に掲げる額は，<u>別段の定めがあるものを除き</u>，一般に公正妥当と認められる会計処理の基準に従って計算されるものとする。

22条の2の条文（全7項）は，以下のとおりである。

> 22条の2　内国法人の資産の販売若しくは譲渡又は役務の提供（以下この条において「資産の販売等」という。）に係る収益の額は，別段の定め（前条第4項を除く。）があるものを除き，その資産の販売等に係る目的物の引渡し又は役務の提供の日の属する事業年度の所得の金額の計算上，益金の額に算入する。
> 2　内国法人が，資産の販売等に係る収益の額につき一般に公正妥当と認められる会計処理の基準に従って当該資産の販売等に係る契約の効力が生ずる日その他の前項に規定する日に近接する日の属する事業年度の確定した決算において収益として経理した場合には，同項の規定にかかわらず，当該資産の販売等に係る収益の額は，別段の定め（前条第4項を除く。）があるものを除き，当該事業年度の所得の金額の計算上，益金の額に算入する。
> 3　内国法人が資産の販売等を行った場合（当該資産の販売等に係る収益の額につき一般に公正妥当と認められる会計処理の基準に従って第1項に規定する日又は前項に規定する近接する日の属する事業年度の確定した決算において収益として経理した場合を除く。）において，当該資産の販売等に係る同項に規定する近接する日の属する事業年度の確定申告書に当該資産の販売等に係る収益の額の益金算入に関する申告の記載があるときは，その額につき当該事業年度の確定した決算において収益として経理したものとみなして，同項の規定を適用する。
> 4　内国法人の各事業年度の資産の販売等に係る収益の額として第1項又は第2項の規定により当該事業年度の所得の金額の計算上益金の額に算入する金

額は，別段の定め（前条第4項を除く。）があるものを除き，その販売若しくは譲渡をした資産の引渡しの時における価額又はその提供をした役務につき通常得べき対価の額に相当する金額とする。
5　前項の引渡しの時における価額又は通常得べき対価の額は，同項の資産の販売等につき次に掲げる事実が生ずる可能性がある場合においても，その可能性がないものとした場合における価額とする。
　一　当該資産の販売等の対価の額に係る金銭債権の貸倒れ
　二　当該資産の販売等（資産の販売又は譲渡に限る。）に係る資産の買戻し
6　前各項及び前条第2項の場合には，無償による資産の譲渡に係る収益の額は，金銭以外の資産による利益又は剰余金の分配及び残余財産の分配又は引渡しその他これらに類する行為としての資産の譲渡に係る収益の額を含むものとする。
7　前2項に定めるもののほか，資産の販売等に係る収益の額につき修正の経理をした場合の処理その他第1項から第4項までの規定の適用に関し必要な事項は，政令で定める。

22条の2関連の法人税法施行令第18条の2の規定は，次のとおりである。

第1目　収益の額
第18条の2　内国法人が，法第22条の2第1項（収益の額）に規定する資産の販売等（以下この条において「資産の販売等」という。）に係る収益の額（同項又は法第22条の2第2項の規定の適用があるものに限る。以下この条において同じ。）につき，一般に公正妥当と認められる会計処理の基準に従って，法第22条の2第1項又は第2項に規定する事業年度（以下この条において「引渡し等事業年度」という。）後の事業年度の確定した決算において修正の経理（法第22条の2第5項各号に掲げる事実が生ずる可能性の変動に基づく修正の経理を除く。）をした場合において，当該資産の販売等に係る収益の額につき同条第1項又は第2項の規定により当該引渡し等事業年度の所得の金額の計算上益金の額に算入された金額（以下この項及び次項において「当初益金算入額」という。）にその修正の経理により増加した収益の額を加算し，又は当該当初益金算入額からその修正の経理により減少した収益の額を控除した金額が当該資産の販売等に係る同条第4項に規定する価額又は対価の額に相当するときは，その修正の経理により増加し，又は減少した収益の額に相当する金額は，その修正の経理をした事業年度の所得の金額の計算上，益金の額又は損金の額に算入する。

2　内国法人が資産の販売等を行った場合において，当該資産の販売等に係る収益の額につき引渡し等事業年度後の事業年度の確定申告書に当該資産の販売等に係る当初益金算入額を増加させ，又は減少させる金額の申告の記載があるときは，その増加させ，又は減少させる金額につき当該事業年度の確定した決算において修正の経理をしたものとみなして，前項の規定を適用する。

3　内国法人が資産の販売等に係る収益の額につき引渡し等事業年度の確定した決算において収益として経理した場合（当該引渡し等事業年度の確定申告書に当該資産の販売等に係る収益の額の益金算入に関する申告の記載がある場合を含む。）で，かつ，その収益として経理した金額（当該申告の記載がある場合のその記載した金額を含む。）が法第22条の２第１項又は第２項の規定により当該引渡し等事業年度の所得の金額の計算上益金の額に算入された場合において，当該引渡し等事業年度終了の日後に生じた事情により当該資産の販売等に係る同条第四項に規定する価額又は対価の額（以下この項において「収益基礎額」という。）が変動したとき（その変動したことにより当該収益の額につき修正の経理（前項の規定により修正の経理をしたものとみなされる場合における同項の申告の記載を含む。以下この項において同じ。）をした場合において，その修正の経理につき第１項の規定の適用があるときを除く。）は，その変動により増加し，又は減少した収益基礎額は，その変動することが確定した事業年度の所得の金額の計算上，益金の額又は損金の額に算入する。

4　内国法人が資産の販売等を行った場合において，当該資産の販売等の対価として受け取ることとなる金額のうち法第22条の２第５項各号に掲げる事実が生ずる可能性があることにより売掛金その他の金銭債権に係る勘定の金額としていない金額（以下この項において「金銭債権計上差額」という。）があるときは，当該対価の額に係る金銭債権の帳簿価額は，この項の規定を適用しないものとした場合における帳簿価額に当該金銭債権計上差額を加算した金額とする。

（２）22条の２の各項

　ここまでで既に述べているように，法人税法第22条第４項は，一部改正されて，「別段の定めがあるものを除き」という規定が追加されている。この「別段の定め」が22条の２という構成である。そして，22条の２に係る政令として法人税法施行令第18条の２が創設され，法人税基本通達が改正されて2018年５月30日に発遣されている。

　22条の２は全７項から構成されているが，各項に見出しを付けるとすれば次

のようになる[3]。
- ① 第1項（原則）
- ② 第2項（一般に公正妥当と認められる会計処理の基準に従って収益経理した場合）
- ③ 第3項（申告調整をした場合）
- ④ 第4項（収益の額として益金の額に算入する金額）
- ⑤ 第5項（貸倒れ又は買戻しの可能性がある場合）
- ⑥ 第6項（資本等取引との関係）
- ⑦ 第7項（修正の経理）

イ　第1項

　第1項は，内国法人の資産の販売等（資産の販売，譲渡，役務提供及び固定資産の譲渡[4]）について，その時期を目的物の引渡し又は役務の提供の日の属する事業年度と時期を定め，その所得の金額を益金に算入することを定めている。

　法人税法では，第22条第2項に益金の規定があり，資産の販売等に係る収益を益金とするかどうかはこの規定によることになる。したがって，益金とするかどうかは第22条第2項，時期及び金額は22条の2ということになる[5]。

ロ　第2項

　法人税法における益金の認識時期について，継続適用することを条件に，経済的実態からみて合理的なものとみられる収益計上の基準が認められてきた。第2項では，近接する日の属する事業年度の確定した決算において収益として経理した場合には，その資産の販売等に係る収益の額は，別段の定めがあるものを除き，その事業年度の所得の金額の計算上，益金の額に算入することが明確化された。

ハ　第3項

　第3項は，申告調整により第2項を適用することが認められるものである。なお，第1項の日又は第2項を適用した場合，申告調整により収益認識日を他の日に変更することは認められないことが規定されている。

二 第4項

第4項は，収益の額として益金の額に算入する金額に係る原則としての規定で，別段の定めがあるものを除き，その販売若しくは譲渡をした資産の引渡しの時における価額又はその提供をした役務につき通常得べき対価の額に相当する金額とすることを規定している。なお，この通常得べき対価の額とは，一般的には第三者間で取引されたとした場合に通常付される価額のことをいい，資産の販売等に係る契約上の対価の額について，値引き，割増し，割戻しその他の事実により変動する可能性がある部分の金額がある場合において，その可能性の見積りが客観的かつ合理的であるときは，その可能性を考慮した金額も「価額」又は「通常得べき対価の額」に該当する[6]。

ホ 第5項

第4項に規定する「価額」又は「通常得べき対価の額」について，その要素ではない①その資産の販売等の対価の額に係る金銭債権の貸倒れ，及び②その資産の販売等（資産の販売又は譲渡に限る）に係る資産の買戻しを考慮しないことを定めている。

ヘ 第6項

無償による資産の譲渡に係る収益の額は，金銭以外の資産による利益又は剰余金の分配及び残余財産の分配又は引渡しその他これらに類する行為で，資本等取引以外の場合，資産の譲渡に係る収益の額となる。

ト 第7項

第7項の政令により内国法人が22条の2第1項に規定する資産の販売等に係る収益の額につき，一般に公正妥当と認められる会計処理の基準に従って，法第22条の2第1項又は第2項に規定する事業年度後の事業年度の確定した決算において修正の経理（法第22条の2第5項各号に掲げる事実が生ずる可能性の変動に基づく修正の経理を除く）をした場合，当該資産の販売等に係る収益の額につき同条第1項又は第2項の規定により当該引渡し等事業年度の所得の金額の計算上益金の額に算入された金額にその修正の経理により増加した収益の額を加

算し，又は当該当初益金算入額からその修正の経理により減少した収益の額を控除した金額が当該資産の販売等に係る同条第4項に規定する価額又は対価の額に相当するときは，その修正の経理により増加し，又は減少した収益の額に相当する金額は，その修正の経理をした事業年度の所得の金額の計算上，益金の額又は損金の額に算入する。

5　実現主義の背景

(1) 企業会計原則における実現主義

　収益の認識基準としての実現主義は，企業会計原則（第二　損益計算書原則　三B）に次のように規定されている（下線筆者）。

> 売上高は，実現主義の原則に従い，商品等の販売又は役務の給付によって実現したものに限る。ただし，長期の未完成請負工事等については，合理的に収益を見積もり，これを当期の損益計算に計上することができる。(注6)(注7)

　また，注解として（注6：実現主義の適用について）と（注7：工事収益について）があり，注6には，委託販売，試用販売，予約販売，割賦販売等特殊な販売契約による売上収益の実現の基準が規定されている。
　22条の2の解説は[7]，上記の企業会計原則の規定の説明から始まるが，では，この企業会計原則の実現主義は米国の企業会計の原則から継受したものかどうかについてはあまり検討されていない。日本の場合，企業会計原則が実現主義と規定したため，分析検討は，そこから始まるのが常である。

(2) 米国税務会計史における実現概念と実現主義

　米国における「実現」については，1920年米国最高裁判決のマコンバー事案[8]が引用されるが，筆者はこの判決において示された実現を実現概念として，企業会計における実現主義と区別している。実現概念と実現主義は未実現

利益の排除という機能では共通するが，実現概念は，課税所得計算における実現概念である。実現主義は，企業利益算定，ひいては配当可能な金額の算定という意義を持つものである。両者は異なる展開の系譜を持っているというのが私見である[9]。

では，1920年のマコンバー事案最高裁判決が企業会計における実現主義の起源ではないとすると，いつ実現主義が会計理論として認められたのかということになるが，『会計思想史』の著者であるチャットフィールド氏は，会計理論における実現主義については，1930年代にこの用語の公的使用があったことを認めている[10]。また，実現主義をどのように適用するのかという点に関する合意は1930年代後半まで存在しなかったと述べられている[11]。したがって収益の認識基準としての実現主義は，古くから存在していたのであるが，理論として確立する時期は，1930年代後半ということになる。

(3) 企業会計原則の実現主義

実現主義は1930年代後半まで確立していなかったことは既に述べたとおりである。次に疑問となるのは，具体的に企業会計原則の実現主義は何をモデルにしたのかということである。

最初に企業会計原則の制定について再度確認すると，以下のとおりである。

1949（昭24）	経済安定本部の企業会計制度対策調査会が中間報告として「企業会計原則」を公表（7月9日）

企業会計原則の制定に参画された諸井勝之助氏の論文によれば[12]，資本取引・損益取引の区分は，黒澤清氏が，以下に示した1934年公表のアメリカの会計5原則の第2項に負うものだということであった。

第1	実現主義の原則
第2	資本剰余金と利益剰余金の区分に関する原則
第3	連結決算に当り，子会社の株式取得日前利益剰余金の処理に関する原則
第4	自己株式の会計処理に関する原則

第5 インサイダー取引のディスクロージャー

　この上記の第1が実現主義原則のモデルということになるが，以下で，この会計5原則について検討する。

（4）米国企業会計における保守主義と実現主義

　米国会計士であるGeorge O. May氏（以下「メイ氏」という）の論文では，所得税における問題は，所得の定義と所得の帰属（収益及び費用の認識）であることを指摘しているが，所得概念よりも所得の帰属の問題が重要であるという認識である[13]。会計士側からの検討では，会計上計算される企業利益と課税所得の関連において，両者は，所得又は利益を計算する点で一致しているのである。

　上記の論文におけるメイ氏の主張で最も本論に影響のある事項は，当時の会計実務或いは会計士実務を支配していた考え方が保守主義であったという点である。保守主義に基づく判断或いは会計処理が当時の実務の基本であるならば，収益に関しては，現金又は現金等価物による受領が確実なとき収益を認識し，将来発生するであろう損失等は，実際に生じていない場合等でも認識することになる[14]。

（5）会計5原則

　上記（3）で引用した「1934年公表のアメリカの会計5原則」であるが，米国では，大恐慌を契機として投資家保護の観点から1933年に証券法，1934年に証券取引法が制定され，上場法人に対して会計士による法定監査が実施されることになった。この会計士監査における判断基準として，会計原則の必要性が高まり，次のような会計原則等が作成された。

① 1934年　米国会計士協会（AIA）「株式会社会計の監査」(Audits of Corporate Accounts)
② 1936年　米国会計学会（AAA）「株式会社報告書に関する会計原則試案」(A Tentative Statement of Accounting Principles affecting Corporate Reports)

③ 1938年　SHM会計原則（A Statement of Accounting Principles）
④ 1940年　ペイトン及びリトルトン『会社会計基準序説』（An Introduction to Corporate Accounting Standards）

　正確には，1932年9月22日付で書簡を起草し，証券取引所協力特別委員会の承認を得た上で，この書簡がニューヨーク証券取引所に送付された。この書簡の付録として，いわゆる5つの幅広い会計原則が示されたのである[15) 16)]。これが上記①に組み込まれたということである。この5原則の第1が「未実現利益は会社の損益勘定に直接貸記してはならない」，第2が剰余金区分の原則，である。

　前出のように，米国は，その後②③という会計原則の時代に入るのであるが，①は，メイ氏が1930年に米国会計士協会により組織されたニューヨーク証券取引所との協力特別委員会の座長となり[17)]，同委員会とニューヨーク証券取引所の株式上場委員会との間の往復書簡が1934年の米国会計士協会（AIA）「株式会社会計の監査」になったのである[18)]。したがって，メイ氏は，1920年代後半から1930年代前半における監査制度の確立と会計原則制定における中心人物である。

　企業会計原則については，SHM会計原則の影響を指摘する意見もあるが，以上の諸説をつなぎ合わせると，企業会計原則の実現主義は，「1934年公表のアメリカの会計5原則」をモデルとしたもので，その中心人物はメイ氏であると推定できるのである。しかも，実現主義が保守主義会計と関連のあることも明らかになった。なお，会計5原則には，一般に認められた会計原則（Generally Accepted Accounting Principles）という用語も使用されている[19)]。

6　29号基準の5つのステップ

　29号基準では，基本となる原則に従って収益を認識するために，次の5つのステップが適用することとされている。

> ステップ1：顧客との契約を識別する。
> ステップ2：契約における履行義務を識別する。
> ステップ3：取引価格を算定する。
> ステップ4：契約における履行義務に取引価格を配分する。
> ステップ5：履行義務を充足した時に又は充足するにつれて収益を認識する。

　29号基準における基本となる原則は，約束した財又はサービスの顧客への移転を当該財又はサービスと交換に企業が権利を得ると見込む対価の額で描写するように，収益を認識することである（29号基準パラ16）。

　ステップ3における取引価格とは，財又はサービスの顧客への移転と交換に企業が権利を得ると見込む対価の額（ただし，第三者のために回収する額を除く）をいう。取引価格の算定にあたっては，契約条件や取引慣行等を考慮することになる（29号基準パラ47）。

　そして，顧客により約束された対価の性質，時期及び金額は，取引価格の見積りに影響を与える。取引価格を算定する際には，次の①から④のすべての影響を考慮することになる（29号基準パラ48）。

① 　変動対価（パラ50～55参照）
② 　契約における重要な金融要素（パラ56～58参照）
③ 　現金以外の対価（パラ59～62項参照）
④ 　顧客に支払われる対価（パラ63～64項参照）

　ステップ5の収益の認識については，企業は約束した財又はサービス（顧客との契約の対象となる財又はサービスについては，資産という）を顧客に移転することにより履行義務を充足した時に又は充足するにつれて，収益を認識する。資産が移転するのは，顧客が当該資産に対する支配を獲得した時又は獲得するにつれてである（29号基準パラ35）。なお，この資産に対する支配とは，当該資産の使用を指図し，当該資産からの残りの便益のほとんどすべてを享受する能力（他の企業が資産の使用を指図して資産から便益を享受することを妨げる能力を含む）をいう（29号基準パラ37）。

　また，資産に対する支配を顧客に移転した時点を決定するにあたっては，パラ37の定めを考慮する。また，支配の移転を検討する際には，例えば，次の①

から⑤の指標を考慮することになる（29号基準パラ40）。
① 企業が顧客に提供した資産に関する対価を収受する現在の権利を有していること
② 顧客が資産に対する法的所有権を有していること
③ 企業が資産の物理的占有を移転したこと
④ 顧客が資産の所有に伴う重大なリスクを負い，経済価値を享受していること
⑤ 顧客が資産を検収したこと

7　国税庁の「収益認識に関する会計基準」への対応について

国税庁は，29号基準への対応として次の2点を掲げている。
①「企業会計原則」に優先して適用される会計基準としての位置づけがなされていること。
②「履行義務」という新たな概念をベースとして収益の計上単位，計上時期及び計上額を認識する会計処理が行われること。
これを受けて，法人税法では新たに資産の販売等に係る収益の計上時期及び計上額を明確化する規定が設けられるなどの改正が行われた，と説明している。

8　収益の額として益金の額に算入する金額

『改正税法のすべて』では，南西通商事案（最高裁平成7年12月19日第三小法廷判決）を引用しつつ，法人税法における資産の販売等に係る収益の額は，資産の販売等により受け取る対価の額ではなく，販売等をした資産の価額をもって認識すべきとの考え方であるとしている[20]。
引用している南西通商事案の事実関係は，同社が所有する株式を低額譲渡したもので，同判決では，当該資産の譲渡の対価の額のほか，当該資産の譲渡時における適正な価額との差額も含まれると判示している。

9 収益の額を益金の額に算入する時期

　権利確定主義（法的基準）と実現主義が，1965年の法人税法全文改正に先立つ税制調査会で取り上げられ，権利確定主義の採用が提言されたことは既に述べたとおりである。

　1965年の法人税法全文改正では，権利確定主義では，不法所得を所得と認定できないこと，また，実現主義の実現という内容があいまいであることから，棚卸資産の譲渡については，引渡基準が法人税基本通達に規定されたのである。

　『改正税法のすべて』では，大竹貿易事案（最高裁平成5年11月25日第一小法廷判決）「ある収益をどの事業年度に計上すべきかは，一般に公正妥当と認められる会計処理の基準に従うべきであり，これによれば，収益は，その実現があった時，すなわち，その収入すべき権利が確定したときの属する年度の益金に計上すべきものと考えられる」が多く引用されていると述べている。

　そして，29号基準において，収益の認識時期について，顧客が資産に対する法的所有権を有していることや企業が資産の物理的占有を移転したこと等を考慮することとされていることから，「実現」や権利の「確定」の時期と大幅には変わらないという認識が示されている[21]。

10 公正処理基準と別段の定めとの関係

　22条の2は第22条第4項の別段の定めということから，22条の2が優先適用となる。

◆注
1) 中小企業に対しては，「中小企業の会計に関する指針」又は「中小企業の会計に関する基本要領」が適用でき，すべての法人に強制適用ということではない。
2) 万代勝信「収益認識基準の我が国への導入の経緯」『税研』36巻2号，2018年7月，5−57頁。

3) 『改正税法のすべて　平成30年度版』一般財団法人大蔵財務協会，273頁以降を参考にした。
4) 同上，273頁。法人税法上の収益の認識時期及び金額について棚卸資産と固定資産とで異なることとする理由はないことから，固定資産の譲渡についても法人税法第22条の2の対象とされている。
5) 同上，273頁。
6) 同上，275頁。
7) 同上，268頁。
8) Eisner v. Macomber, 252 U. S. 189（1920）．
9) 矢内一好『米国税務会計史　確定決算主義再検討の視点から』中央大学出版部，2011年，81-88頁。
10) Chatfield, Michael, A History of Accounting Thought, the Dryden Press, 1974, pp256-258.（津田正晃・加藤順介訳『チャットフィールド　会計思想史』文眞堂，1979年，331-333頁）
11) Ibid. p.259.（津田正晃・加藤順介訳，同上，333頁）
12) 諸井勝之助「企業会計制度対策調査会と会計基準法構想」『LEC会計大学院紀要』1巻，2006年，12頁。なお，同氏は企業会計原則制定の中心であった上野道輔氏に教えを受けていた関係で，企業会計原則制定に参画したのである。
13) May, George O.の論文で取り上げたのは，Taxable Income and Accounting Bases for Determining IT（1925）(including in, May, George O., Twenty-Five Years of Accounting Responsibility 1911-1936, Essays and Discussions edited by Bishop Carleton Hunt, Price Waterhouse & Co. 1936), pp.267-268.
14) Ibid. p. 272.
15) 弥永真生「商事法における会計基準の受容（12）」『筑波ロー・ジャーナル』9号，159頁。
16) Grady, P. (ed.), Memoirs and Accounting Thought of George O. May, Ronald Press, 1962, p.62.
17) 青柳文司『会計士会計学　改訂増補版』同文舘，1969年，252-253頁。
18) 山桝忠恕『監査制度の展開』有斐閣，1961年，138頁-139頁。
19) 黒澤氏は，企業会計原則のモデルについて，その作成過程で集められるだけの欧米の資料を集めたことを後に述べている。戦後の混乱期にGHQによる助力があったものと思われる。なお，余談であるが，1940年のペイトン及びリトルトン『会社会計基準序説』について，山崎三郎「株式会社会計基準序説」『一橋論叢』10巻1号，1942年7月の論文があるが，戦時中に米国の会計基準に関する論稿があることに驚きである。
20) 『改正税法のすべて　平成30年度版』270頁。
21) 同上，271頁。

第13章 連結納税制度の創設

1 連結財務諸表と連結納税制度

　連結納税制度における連結所得と連結財務諸表における企業利益とは，有機的な関連性はない。したがって，本書の税務会計と企業会計との関連性という意味では少し領域が異なることになるが，単体課税とは別の連結納税制度を導入したということは，法人税法領域では大きな改革である。そこで，最後の本章で，連結納税制度の創設としてどのような制度設計がなされたのかとその後の変遷を検討する。なお，現行の同制度の概要に関する記述は除いてある[1]。

2 連結納税制度導入の背景

　次項の年表からも明らかなように，企業会計分野における連結財務諸表の制度化の動きが先行して，連結納税制度については，中田信正氏の1978年の著書『連結納税申告書論』が日本における連結納税制度研究の先駆けとなるものであった。この著書は，同氏の米国留学の成果の一端といえるものである。
　次に，1992年に日本租税研究協会から刊行された井上久彌編著『連結納税制度の研究』である。本書は，日本租税研究協会からの要請もあり将来を見据えた先行研究であるが，井上氏から筆者が直接聞いたところでは，この研究成果を持参して当時の大蔵省に説明した際には，連結納税制度導入が企業減税とな

ることから導入に消極的な姿勢であったようである。

　連結納税制度導入が本格的に動き出した背景としては，以下に掲げた要因が想定できる。

① 1997年6月に独占禁止法改正により純粋持株会社が解禁されたこと。
② 1998年以降，NTTの東西会社分割で，西会社の損失を東会社の利益で補てんする場合，寄附金課税の問題が生じることから，連結納税制度導入の必要性が論じられたこと。
③ 1998年7月に発足した小渕政権が減税政策を容認したことで，連結納税制度導入の素地ができたこと。

　上記以外にも，法人内の事業部については損益通算できるのに対して事業部を子会社として独立させると損益通算ができないということからの中立性の問題，1990年代前半のバブル崩壊を背景とした企業減税への要望，グループ化が進む企業実態に即した課税方法の導入，バブル崩壊による日本法人の株式，土地価格の低落に乗じた外資進出で本国にあって日本にない連結納税制度の導入が要請されたこと等，いくつかの理由が想定できるが，これらの動きを踏まえて，1999年の自由民主党税制改正大綱では「2001年を目途に連結納税制度を導入すべくその準備に着手する。」と導入時期が明記されたことで，連結納税制度導入が既成の事実となったことが大きな転換点であったといえる。

　その後，大手銀行の再編を背景とした会社分割法制に基づく「企業組織再編税制」が2001年税制改正で行われたことで，連結納税制度導入は1年先送りされ，2002年の改正となったが，連結納税制度に係る税法の成立が4月までに間に合わず，2002年6月にずれ込み，同年4月に遡及して適用という変則的な形となった。

3　2002年連結納税制度導入までの経緯

　連結納税制度が日本に導入されるまでには，以下のような紆余曲折があった。

1967年5月	企業会計審議会答申「連結財務諸表に関する意見書」において連結納税制度導入を検討。
1975年6月	企業会計審議会答申「連結財務諸表の制度化に関する意見書」(「連結財務諸表原則の制定」)
1976年10月	「連結財務諸表規則」の制定
1978年12月	中田信正著『連結納税申告書論』中央経済社
1992年6月	井上久彌編著『連結納税制度の研究』日本租税研究協会
1993年10月	井上久彌編著『連結納税制度の個別問題研究』日本租税研究協会
1996年3月	連結納税制度に関する経団連第1次案(所得合算方式)
1996年5月	井上久彌著『企業集団税制の研究』中央経済社
1997年6月	独占禁止法改正により純粋持株会社解禁(1997年12月17日施行)
1998年3月	1997年6月及び1998年3月に,「日本電信電話株式会社等に関する法律」(改正NTT法)改正
1998年7月	小渕政権発足(減税政策の容認)
1998年12月	1999年度自由民主党税制改正大綱「2001年を目途に連結納税制度を導入すべくその準備に着手する。」と明記
	社団法人日本租税研究協会「連結納税制度実務研究会の中間報告」
1999年1月12日	閣議決定「1999年度税制改正の要綱」では,「連結納税制度については,専門的・実務的な観点から,本格的な分析・検討を行う。」として,導入年度の明示はしていないが,同制度導入に向けて,本格的な検討が開始された。
1999年2月	経団連第2次案(税額合算方式)
1999年4月	株式交換・株式移転税制の創設
1999年7月	NTTが東西会社等に分割
1999年12月	矢内一好・柳裕治著『連結納税制度～我が国の導入に向けて』ぎょうせい
2000年11月	政府税制調査会「連結納税制度に係る論点の整理」
2000年12月	与党三党,2001年度税制改正大綱「2002年導入を目指す」と明記
2001年4月	会社分割税制等を含む企業組織再編税制施行
2001年6月	政府税制調査会,連結範囲を100%子会社等とすることを決定
2001年8月	財務省主税局は連結納税制度による税収見積りの試算を行う。
2001年9月	財務省は経団連に付加税導入を打診
	政府税制調査会,連結納税制度における各論を検討(個別申告期における欠損金の規制等)
2001年10月	法人課税小委員会「連結納税制度の基本的考え方」を公表

2001年10月16日	政府税制調査会は総会で法人税小委員会がまとめた連結納税制度の原案を了承する。
2001年11月20日	連結納税適用前の子会社欠損金を損益通算から除外することで経団連と財務省が合意，付加税導入は隔たり
2001年11月21日	財務省が「事務作業の遅れ」を理由として連結納税先送りを決定。経団連は反発。
2001年11月26日	2002年度導入を巡り2003年1月導入案等が浮上
2001年11月27日	財務大臣は閣議後会見において2002年4月から実施もありうると発言して迷走。小泉総理も4月実施に向けて努力するように指示。経済財政諮問会議の改革先行プログラムでも2002年度導入の予定が示されており，先送りへの批判はおさまりそうもない。
2001年11月28日	財務省は，2002年4月から連結納税制度をスタートする方針を固めた。財務大臣は2002年5月までに関連法案を提出して4月にさかのぼって適用する方向で処理すると会見する。
2001年12月5日	財務省は，2％税率を上乗せする連結付加税を導入する方針を固めて自民党税制調査会顧問会議に提示。税収減の対応策としては退職給与引当金の段階的廃止で3,000億円，初年度新規子会社の加入制限で2,000億円，子会社の連結前繰越欠損金の持ち込み制限で500億円，受取配当の益金不算入措置の縮減等で1,000億円，連結付加税の導入で1,000億円，その他租税特別措置法の見直しを見込んでいる(注)。
2001年12月14日	2002年度税制改正大綱が公表された。
2002年1月17日	2002年度税制改正の要綱が閣議決定された。
2002年2月1日	2002年度税制改正案(租税特別措置法等の一部を改正する法律案)が第154通常国会に提出された。
2002年3月29日	2002年度税制改正案(租税特別措置法等の一部を改正する法律案)が成立。
2002年5月10日	法人税等の一部を改正する法律を国会提出。
2002年6月26日	法人税等の一部を改正する法律が成立（連結納税制度)。

（注）最終的に連結納税制度導入に係る財源については，次のように手当てされた（単位：億円)。

	平年度	初年度
連結納税制度の創設による税収減	▲7,980	▲5,680
①連結付加税の導入	+1,030	+730
②連結子法人の欠損持込制限	+480	+170
③加入子法人等の適用時期の特例	+2,110	+1,500
④受取配当益金不算入の見直し	+820	+610
⑤退職給与引当金制度の廃止	+3,240	+2,350
⑥旧特別修繕引当金制度の廃止	+110	+110
総計	▲190	▲210

4 連結納税制度の実施状況

　連結納税制度は，初年度新規子会社の欠損金額を連結課税所得計算に持ち込むことを禁止したこと（導入案の段階では欠損金額持ち込みを認める方向であった），連結付加税が課されたこと，申告手続が煩雑であること等から，導入時の騒動から見ると，法人側の態度は意外と冷ややかであった。

　国税庁の資料によると，大規模法人数[2]に占める連結法人割合（事務年度末時点）は，以下のとおりである。

	2003年	2015年	2003年との対比
連結法人数	1,678	10,155	約6.1倍
連結法人割合（％）	4.6	32.4	

　2015事務年度の国税庁資料では，連結法人数は，13,675社，親法人数は1,698社，連結法人の黒字申告割合は60.7％となっている。この連結法人数13,675社から上記の大規模法人の連結法人数を差し引いた数字が，中小法人の連結法人数（3,520社）となる。国税庁の「会社標本調査」にある2015年の資本金1億円以下の法人数は2,618,399社であることから，同年の中小法人の連結法人割合は，単純計算で0.13％ということになる。

5 連結納税制度の諸外国における類型

(1) 連結納税制度の類型

　日本は，連結納税制度の経験がなかったことから，大蔵省は，大手税理士法人に依頼した諸外国の同税制の調査，先行研究等を参考にして，日本が導入するに際して参考となる外国の連結納税制度の選考，選択を開始した。

　各国の連結納税制度に係る税制は，いくつかの類型に分類される。なお，以下の各国の税制及び引用条文等は，日本の連結納税制度導入時のものである。

　包括的連結納税制度（いわゆる損益通算型）を採用している国は，連結グループ各社の所得及び欠損の金額を合算して連結税額を算出し，親会社が代理人として納付し，その後にその税額を連結グループ各社に配分する連結納税方式を採用している米国と，納税義務を親会社が負い，子会社に配分されるフランス及び連帯して納付の義務を負うオランダ等に分けられる。

　また，個別損益振替型の類型を採用している国は，グループ内各社の欠損を個別にグループ内親会社又は他社に振り替える方式により行われる英国のグループリリーフ制度と，親子会社間において損益を振り替えるドイツの機関制度等が含まれる。

(2) 英国のグループリリーフ制度

　このグループリリーフ制度は，その適用後の所得と税額について個別法人が納税義務を負うことが基本であり，振替金額等の取扱いについてもグループ全体を調整するものではなく，グループ内の譲渡損益は認識しない（TA1970s273）。その適用条件は，双方の法人が合意することを条件として，黒字法人が，赤字法人から欠損金額の全部又は一部の振替を受けて，自己の所得と相殺することができることである。

　この方式のメリットは，選択適用ができ，振替先は自由に選択でき，限度額以内であれば振替金額は自由であり，継続的適用要件はなく，対価支払いは自由であり（ただし，会社法等の理由から実際は対価の支払いは行われている）課税

所得への影響はないことである。仮に，わが国がこの方式を導入する場合，持株要件を100％にすることにより少数株主救済等の問題はなくなるが，欠損金額の供与又は売買という概念が，わが国においてなじみのないものであり，相当の理論的な検討と，これに伴う租税回避規定を充実させる必要があろう。

（3）ドイツの機関制度

この制度の特徴は，①商法の損益拠出契約を前提として子会社の純利益（全額を振替する）を親会社の所得とみなすが，損益拠出契約締結前の子会社の繰越欠損金は，親会社において控除できない。②内部未実現利益排除の仕組みを持たない。③親会社の子会社に対する所有割合（直接及び間接）が50％超であるとともに，親会社の経営上の一体性（例えば，子会社が親会社の組織の一部として活動する）も要件となることである。

この制度のメリットは，親子会社間の損益の通算が可能となること，内部利益排除等の計算が不要であること，子会社は，5年以上の継続を条件として任意に選択できること，事業年度，会計基準の統一の必要がないことである。また，デメリットは，グループ内の資産の譲渡益が課税となること，少数株主への株式買い取り又は配当補償が必要となることである。この制度は，ドイツ法固有の損益拠出契約を前提としている点で，わが国の商法の改正等を必要とするのであれば，わが国の税法への導入は難しいといえる。また，内部利益を排除しないことから，グループ税制として問題があろう。

（4）米　国

米国の連結納税制度は，上記の英国及びドイツの個別損益を振り替える方式とは異なり，連結グループ各社の所得及び欠損の金額を合算して連結税額を算出し，これを連結グループ各社に配分する連結納税方式である。そのメリットは，連結グループ内における損益通算ができることは当然として，連結グループ内における資産の譲渡益の課税繰延ができること，外国税額控除等の控除限度額が連結ベースで計算することができること，連結グループ内における受取配当について課税はないこと，等が挙げられる。また，デメリットは，連結納税申告書を提出することによる会計上の処理が煩雑となること，原則として，

連結納税制度を選択すると以後継続適用が義務づけられること等である。

連結納税制度の順序は，次のとおりである。①連結グループ内各社が個別に申告所得を計算する。②連結グループの個別申告所得に基づいて連結納税制度のための修正計算を行う。③連結納税制度の所得及び税額を計算すると共に，連結税額を修正個別申告金額等に基づいて連結グループ内各社に配分する。なお，連結納税制度の所得金額が赤字の場合は，3年の繰戻と15年の繰越が認められる。

米国の連結納税制度の特徴は，各種の租税回避規定が置かれていることである。第1は，欠損金を有する子会社等が，連結グループに加入する場合の規制措置として，個別申告制限年度（separate return limitation year: SRLY）の制限であり（米国財務省規則§1.1502-21T），グループ外法人において生じた欠損（個別申告をしていた年度）について，グループ加入後において連結納税制度への繰越に制限がある。

第2に，SRLYの適用除外を狙って，欠損法人が利益法人の株式を取得する場合が想定できるが，この場合も，SRLYが適用されることになる。

また，当時は，親会社の株式譲渡を通じて，連結グループに生じた欠損金を規制する措置として，連結法人の所有権移転による制限（consolidated return change of ownership: CRCO）の制限があった。この制度は，親会社の株主の上位10名の株数が2事業年度において50％超変化があるときは，そのCRCOの変化の前の欠損金額の控除について制限を設けるものである。

第3には，連結前に含み損を有する子会社等が，連結グループ加入後に当該含み損を実現することを規制する措置として，その含み損（built-in losses）の控除について，SRLY及びCRCOが適用となる。

その他には，子会社株式の簿価を修正する投資調整（investment adjustments）がある（米国財務省規則§1.1502-32）。この規定は，子会社の損益が連結納税制度と親会社の当該子会社株式の譲渡損益の2度にわたり算入されることを防止するものである。

米国の連結納税制度は，最も体系的である利点と複雑である欠点を有している。同制度は，日本が導入する制度としては他の法制度等との抵触も少なく理論的にも一貫していることから，同制度が日本の連結納税制度のモデルとなっ

たのである。

6 連結納税制度の長所と短所

　納税義務者の観点から，連結納税制度の長所と短所は，整理すると，以下のとおりである。

(1) 連結納税制度の長所

　この制度の長所は，連結グループ内法人が，所得金額と欠損金額を相殺できることである。したがって，連結グループ全体として，税の節減効果がある。例えば，新規事業を開始する場合，子会社を設立してその事業を行うとすると，設立当初数期間の事業年度は欠損となる可能性がある。現行の法人税制では，当該子会社の欠損は，翌期以降の事業年度に繰り越されることになるが，連結納税制度では，当該欠損は，その発生年度において，親会社の所得金額と相殺できることになる。見方を変えると，連結納税制度が導入されると，連結子会社の欠損は，実質的に，連結親会社内の一部門において生じたものと同様の結果となる。

　長所の第2は，連結子会社の欠損金の連結グループへの持ち込みが制限的ではあるが認められていることである。この方法は，米国のSRLYをモデルにしたものであるが，日本では導入当初，税収不足を補てんするためにこの方法を認めなかったが後日の税制改正でこれを改めたのである。

　長所の第3は，連結グループ内取引における内部利益を排除する方式を採用したことから，当該内部利益は，連結グループ外部との取引によりその損益が確定するまでの間，課税の繰延となる。

　長所の第4は，損金算入限度額のある項目について，連結ベースでその限度額計算を行う場合，連結グループ全体として損金算入限度額の金額が増加することもある。

（2）連結納税制度の短所

　連結納税制度の短所は，連結グループ法人が，最初に，自らの法人の課税所得を計算し，その後に連結課税所得等に係る調整をすることになる。したがって，従来の法人における個別申告よりも，連結納税制度を行う部分についての管理上のコスト等が増加することになる。

　さらに，親会社等が，連結納税制度を一度選択すると，継続適用を条件としている。したがって，連結納税制度は，事業年度毎に選択適用することが難しいことから，法人が，当該制度を選択する場合，長期的な視野に立って選択を行う必要がある。

7　連結納税制度と連結財務諸表との類似点と相違点

（1）連結納税制度と連結財務諸表との類似点

　両者の類似点は，①資本等の関連性を有する企業グループを経済的に一体として見ることが合理的であり，実態に即しているとしている点，②企業グループとしての会計処理等において，棚卸資産の譲渡等について技術的に同様の手法を使用することでは類似している。

（2）連結納税制度と連結財務諸表との相違点

　連結財務諸表の目的は，連結財務諸表原則第一にあるように，支配従属の関係にある2以上の会社からなる企業集団を単一の組織体とみなして，親会社が当該企業集団の経営成績と財政状態を総合的に報告するために作成するものである。言い換えれば，親会社の個別財務諸表では，その経営成績と財政状態についての実態を利害関係者に報告することができないことから，親会社の支配の及ぶ子会社等の会計数値を含めて財務諸表を作成するものである。連結納税制度は，個別申告を基礎として，連結としての調整を行い，連結グループ全体としての租税負担を決定するものである。したがって，連結納税制度の目的は，

連結課税所得という損益の分野に限定されていることから，貸借対照表項目に関連する処理は原則として行わない。

連結納税制度における連結所得は，個別申告におけるように企業利益から誘導されるものではなく，連結財務諸表上の利益金額とは関連性がない。その理由は，両者の連結範囲に含まれる子会社等の範囲が異なるからである。例えば，連結納税制度では，外国子会社等はその連結範囲に含まれない。すなわち，連結納税制度は，内国法人におけるグループ税制である。

連結財務諸表は，その主体として（誰の立場から作成されるのかということ），親会社説（parent company concept）と主体説（entity concept）の見解がある。前者は，親会社の株主の立場からの連結財務諸表が作成されるとするものであり，後者は，企業グループ全体の立場から作成されるとするものである。この見解の相違は，少数株主持分の取扱いにおいて相違が生じ，少数株主持分を負債と見る親会社説と，少数株主持分を自己資本と見る主体説に分かれる。

連結納税制度は，仮に連結範囲に含まれる子会社等の持株割合が，100％未満であっても，当該子会社等の損益の全額が連結納税制度に含まれることから，課税所得の計算上，少数株主持分を分離して計算することはない。連結納税制度では，単一主体概念（single entity concept）と個別主体概念（separate entity concept）のいずれを重視するのかが具体的な会計処理，例えば，内部取引損益等において影響として現れる。したがって，連結納税制度では，単一主体概念を基礎として統一的な理論を構成するか，又は個別主体概念を一部取り入れるのかのみを議論する実益はなく，株主への課税或いは連結課税所得への課税において，課税上歪みの生じない適正な課税を行うために，いずれの概念を採用するかが焦点となる。また，その処理において疑義のある場合，いずれの概念が理論的整合性を有するのかが問われることになり，米国では，単一主体概念を主として理論構成を行いつつ，部分的に個別主体概念を使用しているのが現状である。

8 日本型連結納税制度の特徴

わが国の連結納税制度の導入時の特徴を掲げるとその主たるものは，次に掲げる事項である。なお，以下の事項のうち，いくつかはその後改正されている。

① 損益通算型の本格的な連結納税制度を導入したこと。ちなみに，2000年度国税庁統計によれば，単年度所得は36兆円，単年度欠損は29兆円，繰越欠損金は92兆円である。
② 適用法人は内国法人である親法人（普通法人と協同組合等）とその100％子法人等の内国法人である普通法人であり，子法人等から協同組合等，公共法人，公益法人等及び人格のない社団等が除かれている。
③ 連結納税制度は選択性とし，子法人等の加入は強制としている。
④ 離脱した法人に対して5年間は再加入できないという制限がある。
⑤ 連結親法人として，普通法人以外の協同組合等（法人税法第2条別表3にある，例えば，農協，信用金庫等）が含まれた。なお，普通法人である株式会社，有限会社，合名会社，合資会社，相互保険会社，企業組合，医療法人に適用上の区別はない。
⑥ 連結納税制度は国税庁長官の承認を要する（事業年度開始前6月）。
⑦ 法令等の遅れ等を理由として承認に関して弾力的な取扱いとなったこと，また，申告期限についても2月の申告期限延長の特例となり，例えば，3月決算法人であれば7月末まで延長されることになる。
⑧ 連結法人間取引に関して売手側課税繰延方式が採用された。
⑨ 売手側課税繰延の対象から棚卸資産が除かれ，帳簿価額1,000万円以上の所定の資産に対象が限定された。
⑩ 連結法人間取引における寄附金は全額損金不算入となり，課税繰延対象となる内部取引に該当しないこととなった。
⑪ 子法人の連結前欠損金の持込が制限された。また，連結欠損のある連結グループ全体を持ち込む場合も同様に制限された。
⑫ 連結所得に対する法人税率は連結親法人の資本金をベースとし，協同組合等及び特定医療法人が親法人の場合は，税率が単体申告と比較して1％

の加算（＋付加税2％）となっている（単体22％→連結25％）。
⑬　2年間の措置として2％の付加税が課されることになった。その結果，連結グループ法人がすべて黒字又は赤字が少額の場合は単体申告の税額合計よりも増税になる。
⑭　適用開始又は加入時（単体段階）に原則として法人の所定の資産の時価評価が行われることになった。
⑮　連結子法人の株式の簿価の修正である投資修正が行われるが，この制度は，米国のみで行われている。
⑯　連結法人税について連結親法人に納税義務があり，連結子法人に連帯納付義務が課された。また，連結税額の配分額についての清算が行われないような場合，寄附金の認定という問題が生じることになる。
⑰　連結納税制度を選択した同族法人の留保金課税が厳しくなった。
⑱　新規子法人等について加入制限が設けられた。
⑲　包括的な租税回避行為防止規定が創設された。日本の連結納税制度のモデルとなった米国の同制度ではこれまで多くの租税回避があったことから，今後生じる可能性がある租税回避について予防的措置としてこの規定が創設されたものと思われる。
⑳　地方税は，単体法人を納税単位とし，各法人の課税標準は，連結法人に配分される所得金額又は税額を基礎とすることになることから，連結子法人等が所轄税務署に提出する「連結所得の個別帰属額等を記載した書類」をベースにする。

9　連結納税制度における個別問題

以下は，制度導入時に個別に議論された事項である。

(1)　連結納税制度の対象となる子会社等の持株要件

米国における連結納税制度税制では，導入当初の持株要件は，100％であったが，その後，95％になり，1954年改正により現在の持株割合である80％に改

正されている。

　米国における連結納税制度の持株割合は，2つの要件が課されている。その要件は，①議決権株式の80％以上の所有で，かつ，②全株式時価総額の80％以上の所有，である。

　この②の要件は，1株当たりの議決権割当を調整することにより持株割合が80％未満であっても，議決権の割合が80％以上とすることができることから，この要件が追加されている。

　わが国では，連結納税制度導入時に，持株割合を100％とする意見と，社員持株会等を考慮して95％とする見解等が出されたが，少数株主の存在しない100％が要件となった。しかし，社員持株会等による所有が発行済株式（自己株式を除く）の5％未満である場合，100％の株式を保有することになる。

（2）連結納税制度から除かれる外国法人介在の場合

　連結納税制度から除かれる法人としては，外国法人がある。外国法人は，自国の課税管轄権の及ばない地域に存在することから，連結納税制度から除かれることになる。その結果，例えば，内国法人甲社の完全子会社である外国法人Ｘ社が，株式を100％所有する内国法人乙社を有する場合，甲社と乙社は，甲社を親会社とする連結納税制度を行うことはできないことになる。要するに，外国子会社が介在した場合，連結子会社から除かれることになる。

（3）連結納税制度と確定決算主義

　連結所得の計算は，現行の単体申告における決算を基礎として，その連結法人の単体決算から始まる。この単体決算段階では，現行と同様に，法人の確定決算が行われることになる。

　したがって，損金経理を要件とする償却費等の項目について，個別法人の決算段階において損金経理が行われることになり，連結申告は，連結親法人が連結グループの納税義務者として，連結グループ全体の租税負担の金額を計算することになる。

　連結所得の計算は，連結法人の確定決算に基づいて行われるが，その計算過程において，連結全体をベースにする寄附金，交際費等の再計算が行われるこ

とになる。このことは，連結所得計算において，連結法人に対して，当該法人の内部取引である引当金，償却費等の計算に新たに損金経理要件等を課すものではなく，当該法人の確定決算を前提とした申告調整である。結果として，連結所得計算は，確定決算主義に反することにはならないといえる。

（4）連結法人間取引の範囲（棚卸資産の除外）

　政府税調の討議用メモ（2001年9月25日）において，連結法人間取引に係る課税についての特徴は，棚卸資産がその範囲から除かれたことにある。これは，従来から含めるべきとする見解（米国は含めている）と除くべきとする見解（例えば，経団連等の見解）があったが，法人側の事務負担の軽減と税収減対策等から除くことに決定したようである。

　棚卸資産の連結法人間取引からの除外は，連結法人にとっては，連結内部取引となる棚卸資産の販売益について課税繰延の適用という利点がある一方，会計処理上複雑になるという欠点もある。棚卸資産に係る内部利益の処理は，連結財務諸表において行われていることから，会計処理上の困難性をその主たる理由とするには無理があろうが，税務上，一定の売り手側の利益率を算定してその内部利益を決定することになるとすれば，その利益率を巡って課税当局と納税義務者側が対立することも予測され，棚卸資産の適用除外は，一概に，納税義務者にとって有利又は不利ともいえないことになる。

　わが国の連結納税制度は，連結法人間取引に係る制度設計において，すべての資産の連結法人間取引を対象としないで，特定の連結法人間取引について課税繰延を認めることを選択したことから，その処理は，ある一面では複雑になる可能性が生じたことになる。すなわち，課税繰延適用の資産とその他の資産の区分が必要だからである。

（5）欠損金額の持ち込み制限

　政府税調の議論を通じて，わが国が導入する欠損金額の処理案は，連結加入前の個別申告の時期に生じた欠損金額について，連結申告における繰越控除を制限するという，米国のSRLY原則といわれるものが検討されていた。

　前出の政府税調討議用メモは，結論として，税収減対策としてこの個別申告

において生じた欠損金額の繰越控除を認めない方針となった。これは一種の政策であれば，理論的な整合性に優先する処置となろう。

　しかしながら，連結親法人及び当該親法人の100％子法人の個別申告において生じた欠損金額，又は適格合併の場合の被合併法人の欠損金額は，本来，連結繰越欠損金額となるものである。また，連結親法人が他法人にその株式全てを買収され，連結グループ全体で他の連結グループに移るような場合，個別申告において生じた欠損金額と同様の処理となろう。したがって，連結申告開始後に生じる連結欠損金額は5年間（当時）の繰越控除が認められようが，連結グループへの個別申告の期間に生じた欠損金額は大幅に制限されることになった。

　この欠損金額の持ち込み制限による税収増は，平年度で480億円である。連結納税制度を利用する法人が増加しなかった理由として，この制限が原因の1つであろう。

(6) 付加税

　連結納税制度がわが国に導入され，連結法人間において損益が通算されること及び連結法人間取引からの内部利益の課税繰延を行うとした場合，税収が減少することは導入検討の初期から十分予測できたことである。

　その対応策として，課税ベースの拡大，各種の優遇措置の廃止等の措置もあるが，連結納税制度導入に伴い，税収の減収額の試算が約8,000億円であり，その税収の減少分を補う目的から，連結納税制度を適用する法人グループに対して，連結親法人事業年度が平成2002年4月1日から2004年3月31日までに開始する場合に付加税導入が課されることとなった。

　この付加税については，米国の連結納税制度の歴史において付加税を課した経緯のあることから，その沿革を辿るとともに，付加税の課税の問題を検討することとする。

　米国の連結納税制度において付加税が最初に課されたのは，1932年からであり，1932年及び1933年における税率は，0.75％であり，1934年及び1935年には，税率が1％となっている。

　この付加税は，1936年から開始となる事業年度から廃止され，連結申告に適

用される税率が，連結用の単一税率に改正されている。その結果，連結申告を行う法人に対しては，実質的に単体法人よりも重い税負担になっている。その後に，連結所得に適用される税率は，単体法人への税率と同じになっている。

　1940年以降，第2次世界大戦における財政需要から，再度，超過利潤税が導入され（1954年廃止），超過利潤税の適用上，選択により，連結ベースで所得計算をすることが認められた。1942年歳入法により，連結納税制度における付加税は2%であった。

　その後，1954年における内国歳入法典の全文改正により，連結申告における適用対象法人の持株割合が95%から現行の80%に改正されたが，付加税は継続し，1964年の歳入法により付加税は廃止されている。

　その理由の1つは，連結申告の普及促進である。すなわち，一定の支配関係にある法人グループが，同一法人内にいくつもの事業部を有する法人と課税上の不平等があるのはおかしいという議論があったのである。

　米国における連結納税制度における沿革では，一定の財政需要があり，その税収をどこに求めるのかという，各国に共通する問題があり，例えば，前記に述べた超過利潤税については，増税の際に，労働界からの反発があり，法人に負担させたという経緯があり，付加税もその範疇の議論である。

　しかし，理論的には，連結納税制度は，法人税減税のための施策ではなく，租税の中立性等を根拠とした，経済的実態に即した課税方法である。換言すれば，連結納税制度は，法人に対する課税上の恩典ではないといえる。したがって，同一法人内における事業部間の損益通算と連結グループ内法人間の損益通算は同質のものであり，課税上，相違が生じることには理論的な問題があるから，付加税自体は，理論的には問題があるが，財政上の理由から課税されるのであれば，それは政策であり，理論的に云々する事項ではないものと考える。

　日本においても，大蔵省は経団連に付加税導入を事前に相談した際に反対されており，連結納税制度の利用を阻害するというのがその理由であったが，税収不足を補うという観点から導入されたのである。欠損金の持ち込み制限と付加税が連結納税制度の普及を阻害した原因といわれている。

（7）米国における鏡の子取引とその租税回避防止策

米国では，連結子会社株式の譲渡損を損金不算入とする下記のような事例である「鏡の子取引」による租税回避を防止している。

例として，S社は簿価0，時価100の資産を所有している。P社は，S社の全株式を100で取得し，P社とS社は，連結納税申告を行う。S社は，当該資産を100で譲渡し，100の含み益を実現させる。P社におけるS社株式の簿価は，修正されて200に増加する。P社は，S社株式を100で譲渡し，100の損失を計上する。この損失は，連結納税申告においてS社の100の利得と相殺される[3]。

上記の例では，S社が，含み益を実現させる。他方，P社におけるS社株式の簿価は，含み益の実現に連動して増加し，その結果，当該株式を譲渡することにより譲渡損が生じ，含み益と株式譲渡損が相殺され，含み益の実現した益金部分の金額が課税対象とならないことになる。

S社における譲渡益を適正に課税するためには，P社におけるS社株式の譲渡損を損金不算入とすることになる。

10　連結納税制度導入後の変遷

連結申告に係る規定は，単体申告に係る規定の変遷の影響を受けて改正される場合が多いが，以下は，連結納税制度自体に関する改正に絞ったものである。

税制改正年	改正内容
2002年6月26日	法人税等の一部を改正する法律が成立（連結納税制度）
2004年	・連結子法人株式の帳簿価額修正（投資簿価修正）を事由の改正 ・連結中間申告
2005年	・連結子法人株式の帳簿価額修正（投資簿価修正）の改正
2010年	・連結欠損金の繰越制度の見直し：連結子法人の最初連結事業年度開始の日前7年以内に開始した各事業年度の欠損金額を連結欠損金額とみなしてその連結子法人の個別所得金額を限度として損金算入が認められるように改正された。

	・特定連結子法人（連結開始前の欠損金の持込制限を緩和される所定の連結子法人） ・連結納税の承認申請書の提出期限の改正（6月前➡3月前） ・連結納税への加入の場合のみなし事業年度の特例 ・連結納税の開始又は連結グループへの加入の際の資産の時価評価の適用の一部除外 ・グループ法人税制の創設
2013年	・連結子法人株式の帳簿価額修正（投資簿価修正）事由（みなし配当）の改正 ・連結特定同族会社（連結親法人が特定同族会社）の留保金課税制度の改正
2015年	・欠損金の繰越期限が9年➡10年に延長されたことで連結欠損金の帳簿書類保存期間が10年に延長された。
2019年	・12月の税制改正大綱では連結納税制度に係る改正が提言されるといわれている。

◆注

1) 連結納税制度導入時に関しては，矢内一好・柳裕治『連結納税申告～わが国の導入に向けて～』ぎょうせい，1999年，導入後に関しては，矢内一好『連結納税制度』中央経済社，2003年があり，本章では，これらを参考にした。また，連結納税制度導入に関する著書としては，平川忠雄『日本型連結納税制度の創設と新税制への実務対応』税務経理協会，2002年がある。
2) 大規模法人とは，資本金の額若しくは出資金の額が1億円を超える法人，又は資本若しくは出資を有しない法人のうち，常時使用する従業員の数が1,000人超の法人（中小企業投資育成株式会社は除く。）をいう（措令27の4⑩一）。
3) Andrew J. Dubroff and John Broadbent "Consolidated Returns: Evolving Single and Separate Entity Themes" TAXES Dec. 1994, p.751.

索　引

── 英　数 ──

GHQ 9

── あ 行 ──

青色申告 94
池田蔵相書簡 92
一般財産税 23
一般に認められた会計原則 114
英国会社法の動向 56
英国のグループリリーフ制度 212
益金 131
欧州における富裕税の概観 40
欧州富裕税の特徴 33

── か 行 ──

会計5原則 200
会計専門家 9
会計ビッグバン 161, 162, 165
確定決算主義 67
家計の金融資産残高 16
片岡政一 60
企業会計原則 100, 103, 113
企業会計審議会 163
旧商法 55
旧商法第32条第2項 153
金融緊急措置令 26
経済安定9原則 91
経済安定本部 103
権利確定主義 132, 133
権利確定主義の沿革 134
権利確定主義の論点整理 135
行為計算の否認 124
公債残高の累増 16
公正処理基準 153, 154, 157
公正処理基準の解釈 158

高度外国人材 20
国外財産調書 19
国外証券移管等調書 19
国外送金等調書 19
国際会計基準 161, 166, 168, 189
国税関係者 9
国税通則法制定に関する答申（1961） 123
個別財産税 23

── さ 行 ──

財産債務調書 19
財産税 16
財産税の法案と制定法 26
再評価税 23
財務会計基準機構 163
シェジュール制度 72
自己株式 183
実現概念 198
実現主義 198
実質課税の原則 123
実質的財産税 23
資本剰余金と利益剰余金 116
シャウプ勧告 35, 93
シャウプ勧告に対する評価 90
シャウプ勧告の位置づけ 90
シャウプ税制 61
シャンツ 62
収益認識に関する会計基準 189
出国税 19
純資産増加説 62, 63
商法第32条第2項の創設 147
商法と企業会計原則との調整に関する意見書 101
商法における引当金 175
申告調整主義 67
申告納税制度 88
斟酌規定 153
新商法 55

真正かつ公正な概観 74
ストックオプション税制 179
ストックオプション制度 179
正規の簿記の諸原則概念 55
税効果会計（米国） 170, 172
税制簡素化に関する意見 155
税制調査会第1次答申（1960） 123
税法研究者 9
税法と企業会計原則との調整に関する意見書 99
総益金 59
創設所得税法 52
創設法人税 52, 53
相続税制のない国 19
相続税の課税割合 21
総損金 59
租税政策としての富裕税 35
損金 131

— た 行 —

第1次調整意見書 104, 121
第1次調整意見書前文 105
第1次調整意見書への批判と擁護 107
第2次調整意見書（1966） 144
武田昌輔 89
田中勝次郎 63
忠・黒澤論争 109
ドイツの機関制度 213
ドッジライン 91

— な 行 —

日本型連結納税制度 218
日本の富裕層 17

— は 行 —

発生主義会計 114
引当金 174

賦課課税制度 79, 82, 87
船田勇 79
富裕税概説 31
富裕税施行国一覧 36
富裕税導入再燃の背景 44
米国会計学会 112
米国における遺産税の動向 20
米国の法人税申告書 68
米国の連結納税制度 213
法人各税の取扱い 88
法人税法全文改正 121
法人税法第22条の2 189
法人免許税 70
法定準備金制度 184
法的基準 127, 132
ポロック事案最高裁判決 69

— ま 行 —

無利子非課税国債 18
名目的財産税 23

— や 行 —

吉国二郎・武田昌輔共著『法人税法［理論篇］』 130
吉国二郎『法人税法』 130

— ら 行 —

臨時財産税創設 24
連結納税制度 207
連結納税制度導入の背景 207
連結納税制度と連結財務諸表との相違点 216
連結納税制度と連結財務諸表との類似点 216
連結納税制度の実施状況 211
連結納税制度の短所 216
連結納税制度の長所 215
連続意見書 142

〈著者紹介〉

矢内　一好（やない　かずよし）

国際課税研究所首席研究員　博士（会計学）（中央大学）
中央大学大学院商学研究科修士課程修了
1975年東京国税局に勤務，1990年退職。産能短期大学助教授，日本大学商学部助教授，教授を経て2002年以降中央大学商学部教授。税務大学校講師，専修大学商学研究科非常勤講師，慶應義塾大学法学研究科非常勤講師（いずれも2018年3月末退職）。

（著書：単著のみ）
- 『国際課税と租税条約』ぎょうせい，1992年（第1回租税資料館賞受賞）
- 『租税条約の論点』中央経済社，1997年（第26回日本公認会計士協会学術賞受賞）
- 『移転価格税制の理論』中央経済社，1999年
- 『連結納税制度』中央経済社，2003年
- 『詳解日米租税条約』中央経済社，2004年
- 『解説・改正租税条約』財経詳報社，2007年
- 『Q&A国際税務の基本問題〜最新トピックスの検討』財経詳報社，2008年
- 『キーワードでわかる国際税務』中央経済社，2009年
- 『米国税務会計史』中央大学出版部，2011年
- 『現代米国税務会計史』中央大学出版部，2012年
- 『改正租税条約のすべて』財経詳報社，2013年
- 『英国税務会計史』中央大学出版部，2014年
- 『一般否認規定と租税回避判例の各国比較〜GAARパッケージの視点からの分析』財経詳報社，2015年
- 『コンパクト解説　日本とアジア・大洋州・米州・旧ソ連諸国との租税条約』財経詳報社，2016年
- 『コンパクト解説　日本とヨーロッパ・中東・アフリカ諸国との租税条約』財経詳報社，2016年
- 『Q&A　国際税務最新情報』財経詳報社，2017年
- 『解説　BEPS防止措置実施条約』財経詳報社，2018年
- 『租税条約はこう変わる！　BEPS条約と企業の国際取引』第一法規，2018年
- 『日本・国際税務発展史』中央経済社，2018年

（その他）
- 「米国租税条約の研究」『税務大学校論叢』第19号及び「国際連盟におけるモデル租税条約の発展」『税務大学校論叢』第20号で日本税理士会連合会研究奨励賞受賞（1989年），その他共著，論文多数。

日本・税務会計形成史―法人税・企業会計・商法の関連性

2019年8月30日　第1版第1刷発行

著　者　矢　内　一　好
発行者　山　本　　　継
発行所　㈱中　央　経　済　社
発売元　㈱中央経済グループ
　　　　パブリッシング

〒101-0051　東京都千代田区神田神保町1-31-2
電話　03(3293)3371(編集代表)
　　　03(3293)3381(営業代表)
https://www.chuokeizai.co.jp/
印刷／三英印刷㈱
製本／誠　製　本　㈱

Ⓒ 2019
Printed in Japan

＊頁の「欠落」や「順序違い」などがありましたらお取り替えいたしますので発売元までご送付ください。（送料小社負担）

ISBN978-4-502-31731-6　C3034

JCOPY〈出版者著作権管理機構委託出版物〉本書を無断で複写複製（コピー）することは，著作権法上の例外を除き，禁じられています。本書をコピーされる場合は事前に出版者著作権管理機構（JCOPY）の許諾を受けてください。
　JCOPY〈http://www.jcopy.or.jp　eメール：info@jcopy.or.jp〉

●実務・受験に愛用されている読みやすく正確な内容のロングセラー！

定評ある税の法規・通達集シリーズ

所得税法規集
日本税理士会連合会 編
中央経済社

❶所得税法 ❷同施行令・同施行規則・同関係告示 ❸租税特別措置法（抄）❹同施行令・同施行規則・同関係告示（抄）❺震災特例法・同施行令・同施行規則（抄）❻復興財源確保法（抄）❼復興特別所得税に関する政令・同省令 ❽災害減免法・同施行令（抄）❾国外送金等調書提出法・同施行令・同施行規則・同関係告示

所得税取扱通達集
日本税理士会連合会 編
中央経済社

❶所得税取扱通達（基本通達／個別通達）❷租税特別措置法関係通達 ❸国外送金等調書提出法関係通達 ❹災害減免法関係通達 ❺震災特例法関係通達 ❻索引

法人税法規集
日本税理士会連合会 編
中央経済社

❶法人税法 ❷同施行令・同施行規則・法人税申告書一覧表 ❸減価償却耐用年数省令 ❹法人税法関係告示 ❺地方法人税法・同施行令・同施行規則 ❻租税特別措置法（抄）❼同施行令・同施行規則・同関係告示 ❽震災特例法・同施行令・同施行規則（抄）❾復興財源確保法（抄）❿復興特別法人税に関する政令・同省令 ⓫租特透明化法・同施行令・同施行規則

法人税取扱通達集
日本税理士会連合会 編
中央経済社

❶法人税取扱通達（基本通達／個別通達）❷租税特別措置法関係通達（法人税編）❸連結納税基本通達 ❹租税特別措置法関係通達（連結納税編）❺減価償却耐用年数省令 ❻機械装置の細目と個別年数 ❼耐用年数の適用等に関する取扱通達 ❽震災特例法関係通達 ❾復興特別法人税関係通達 ❿索引

相続税法規通達集
日本税理士会連合会 編
中央経済社

❶相続税法 ❷同施行令・同施行規則・同関係告示 ❸土地評価審議会令・同省令 ❹相続税法基本通達 ❺財産評価基本通達 ❻相続税法関係個別通達 ❼租税特別措置法（抄）❽同施行令・同施行規則（抄）・同関係告示 ❾租税特別措置法（相続税法の特例）関係通達 ❿震災特例法・同施行令・同施行規則（抄）・同関係告示 ⓫震災特例法関係通達 ⓬災害減免法・同施行令・同施行規則 ⓭国外送金等調書提出法・同施行令・同施行規則・同関係通達 ⓮民法（抄）

国税通則・徴収法規集
日本税理士会連合会 編
中央経済社

❶国税通則法 ❷同施行令・同施行規則・同関係告示 ❸同関係通達 ❹租税特別措置法・同施行令・同施行規則（抄）❺国税徴収法 ❻同施行令・同施行規則 ❼滞調法・同施行令・同施行規則 ❽税理士法・同施行令・同施行規則・同関係告示 ❾電子帳簿保存法・同施行規則・同関係告示・同関係通達 ❿行政手続オンライン化法・同国税関係法令に関する省令・同関係通達 ⓫行政手続法 ⓬行政不服審査法 ⓭行政事件訴訟法（抄）⓮組織的犯罪処罰法（抄）⓯沒収保全と滞納処分との調整令 ⓰犯罪収益規則（抄）⓱麻薬特例法（抄）

消費税法規通達集
日本税理士会連合会 編
中央経済社

❶消費税法 ❷同別表第三等に関する法令 ❸同施行令・同施行規則・同関係告示 ❹消費税法基本通達 ❺消費税申告書様式等 ❻消費税法等関係取扱通達等 ❼租税特別措置法（抄）❽同施行令・同施行規則（抄）・同関係通達 ❾消費税転嫁対策法・同ガイドライン ❿震災特例法・同施行令・同関係告示 ⓫震災特例法関係通達 ⓬税制改革法等 ⓭地方税法（抄）⓮同施行令・同施行規則（抄）⓯所得税・法人税政省令（抄）⓰輸徴法令 ⓱関税法令（抄）⓲関税定率法令（抄）

登録免許税・印紙税法規集
日本税理士会連合会 編
中央経済社

❶登録免許税法 ❷同施行令・同施行規則 ❸租税特別措置法・同施行令・同施行規則（抄）❹震災特例法・同施行令・同施行規則（抄）❺印紙税法 ❻同施行令・同施行規則 ❼印紙税法基本通達 ❽租税特別措置法・同施行令・同施行規則（抄）❾印紙税額一覧表 ❿震災特例法・同施行令・同施行規則（抄）⓫震災特例法関係通達等

中央経済社